COM QUE ROUPA?

GIOVANNA
NADER

COM
QUE
ROUPA?

**Guia prático de
moda sustentável**

paraela

Copyright © 2021 by Giovanna Nader

A Editora Paralela é uma divisão da Editora Schwarcz S.A.

Grafia atualizada segundo o Acordo Ortográfico da Língua Portuguesa de 1990, que entrou em vigor no Brasil em 2009.

CAPA E PROJETO GRÁFICO Alles Blau
ILUSTRAÇÕES Paula Hemm
PREPARAÇÃO Angélica Andrade
REVISÃO Márcia Moura e Gabriele Fernandes

Dados Internacionais de Catalogação na Publicação (CIP)
(Câmara Brasileira do Livro, SP, Brasil)

Nader, Giovanna
    Com que roupa? : Guia prático de moda
sustentável / Giovanna Nader. — 1ª ed. —
São Paulo : Paralela, 2021.

    ISBN 978-85-8439-206-3

    1. Consultoras de moda 2. Consumismo 3. Consumo
sustentável 4. Estilistas (Moda) 5. Indústria têxtil
– Aspectos ambientais 6. Indústria da moda – Aspectos
ambientais 7. Moda 8. Moda – Aspectos sociais
9. Modas – Aspectos ambientais 10. Sustentabilidade
I. Título.

21-56233   CDD-391

        Índice para catálogo sistemático:
        1. Moda : Aspectos ambientais : Usos e costumes 391

        Maria Alice Ferreira — Bibliotecária — CRB-8/7964

[2021]
Todos os direitos desta edição reservados à
EDITORA SCHWARCZ S.A.
Rua Bandeira Paulista, 702, cj. 32
04532-002 — São Paulo — SP
Telefone: (11) 3707-3500
editoraparalela.com.br
atendimentoaoleitor@editoraparalela.com.br
facebook.com/editoraparalela
instagram.com/editoraparalela
twitter.com/editoraparalela

À Marieta, meu maior presente e minha maior mudança. Seu nascimento me trouxe questionamentos profundos sobre como fazer diferente, e, desde então, venho buscando novos meios de viver neste mundo sem comprometer seu futuro.

SUMÁRIO

PARTE 1: 9
A MODA COMO ELA É

1. Quantas gotas formam um oceano? 10
2. Afinal, o que é moda sustentável? 24
3. Desmistificando a moda sustentável 36
4. Precisamos mesmo de tantas roupas? 52
5. Roupa foi feita para circular 60
6. Ética e transparência vieram para ficar 70
7. Questionando o nosso consumo 80

PARTE 2: 99
GUIA PRÁTICO PARA UM
GUARDA-ROUPA SUSTENTÁVEL

8. Comprando com consciência 102
9. O mundo encantado dos brechós 118
10. Como organizar suas roupas 126
11. Como cuidar das suas roupas 146
12. Como descartar suas roupas 164
13. Como fazer pequenos ajustes e transformações 178
14. Ansiedade que se transforma em ação 188

Agradecimentos 194
Referências bibliográficas 196

PARTE 1

A MODA COMO ELA É

1.
Quantas gotas formam um oceano?

Uma vez que abrimos os olhos para as questões ambientais e sociais que nos cercam, não dá para voltar atrás e tentar viver como se elas não existissem. Mudanças climáticas, aquecimento global, elevação do nível do mar, catástrofes naturais, extinção das espécies, escassez de alimentos, pandemias são apenas alguns dos acontecimentos que devem tomar maiores proporções nos próximos trinta anos se não agirmos de forma rápida e consciente por um mundo melhor agora. Ao meu redor, esses temas se tornaram centrais nas conversas entre amigos na mesa de bar, nas notícias do jornal da manhã, no almoço com os colegas de trabalho, nas reuniões, nas tarefas de casa dos filhos e em qualquer outro tipo de interação social.

Sabemos que, se continuarmos produzindo e consumindo no ritmo atual, a humanidade será extinta. O que parece não nos passar pela cabeça é que essa realidade está mais próxima do que imaginamos: nossa geração já sofre as consequências da produção e do consumo desenfreado, e a próxima vai morar num planeta ainda mais hostil que este. Pela primeira vez, deparamos com uma ameaça real de desaparecimento da vida humana — e isso é desesperador.

Fazemos a nossa parte: separamos o lixo caseiro, preferimos os produtos com etiqueta "sustentável" e consumimos alimentos orgânicos. Mas de que adianta a gente comprar uma blusinha produzida de maneira ética se todo o sistema por trás das indústrias está errado? Tem também aquela amiga que consome fast fashion porque acha que a culpa não é dela e a tia que ainda usa canudo e copo plástico nas festas de aniversário da família. Além disso, como falar para a sua avó, sem deixá-la triste, que você não quer mais presentes porque já tem coisas demais no armário?

Ao mesmo tempo, as tragédias se acumulam: somente no Brasil, durante o período em que escrevi este livro, 50 milhões de abelhas morreram em razão do uso de agrotóxicos, acompanhei a tragédia de Brumadinho causada pela Vale, assisti às queimadas provocadas por fazendeiros na Floresta Amazônica e no Pantanal, respirei o ar cor de chumbo que cobriu a cidade de São Paulo e vi de longe, angustiada, litros e litros de petróleo atingirem centenas de praias no litoral nordestino.[1] Quando achei que não podíamos nos afundar mais, fomos acometidos pela pandemia do coronavírus, a maior emergência sanitária dos nossos tempos. Todas essas catástrofes decorreram da ação humana, gerando danos irreversíveis ao ecossistema e, consequentemente, a nós, que somos parte dele.

Em alguns dias foi impossível enxergar uma luz no fim do túnel — me desesperei, chorei e olhei para minha filha como parte de uma geração sem futuro. Apesar disso, sempre criei forças para continuar o meu trabalho, apoiada no lado bom disso tudo: há cada vez mais interesse nas questões ambientais, cada vez mais espaços na mídia para compartilhar conhecimento sobre o tema e cada vez mais empresas dispostas a adaptar seus modelos de negócio para reduzir os impactos na natureza. Testemunhamos uma união de pessoas que querem fazer a diferença, independentemente de ideologias políticas e crenças, pois percebem que o mundo é um só e todos precisamos viver nele.

Tantas urgências mudaram o rumo deste livro. Antes, ele abordava tópicos sobre moda sustentável e dicas para compor um guarda-roupa mais consciente, mas, diante do caos que vivemos, senti que deveria ir mais fundo: deixei as dicas na segunda parte e, aqui na primeira, propus questionamentos sobre o modelo econômico vigente e sobre como podemos ser agentes transformadores dentro dele.

---

1 Em agosto de 2019, no litoral brasileiro, aconteceu a maior tragédia ambiental em extensão da história do país. Mais de novecentas localidades da costa nordestina foram atingidas por um derramamento de petróleo cuja causa, até a data de publicação deste livro, é desconhecida. O governo brasileiro não deu suporte às investigações ou à limpeza das praias — assistimos à população local se organizar e retirar o petróleo com as próprias mãos. De acordo com dados do IBAMA, o fenômeno afetou a vida de centenas de espécies marinhas, provocando danos irreversíveis ao ecossistema.

Usei a moda como base para explorar assuntos mais complexos — um tema leve, acessível e ao mesmo tempo vibrante para mudar o cenário, que pode ser a porta de entrada para outra visão de mundo. Pelo menos foi o que aconteceu comigo: primeiro, mudei meu jeito de consumir moda e só depois, anos mais tarde, adaptei todo o meu estilo de vida à minha nova forma de pensar. Espero que seja assim com você também.

Muitas vezes, na tentativa de construir um mundo melhor, nos sentimos como uma gota no oceano. De fato, os nossos esforços para reduzir o desperdício de água são insignificantes diante dos mais de 3500 litros gastos para se produzir uma única calça jeans. E somos muitos! Atitudes isoladas não viram o jogo, mas grandes revoluções sim. E revoluções são feitas por pessoas.

Somos 7,6 bilhões de pessoas no mundo; 7,6 bilhões de possibilidades de mudança. Quanto mais gente boicotar marcas cujas condições de trabalho sejam análogas à escravidão, separar o lixo corretamente, votar em políticos que priorizem as causas ambientais, se manifestar contra o desmatamento, aderir a uma alimentação natural e mudar seu estilo de vida, mais impacto e volume essas iniciativas ganharão. Precisamos cultivar a consciência individual a fim de nos fortalecer enquanto sociedade e, assim, agir para cobrar políticos, governos, empresas e marcas. O que está em jogo é a nossa existência.

Toda vez que bater aquela sensação de impotência em relação ao mundo em que vivemos, lembre-se de que somos muitos e estamos cada vez mais próximos da grande virada. Durante muito tempo consumimos de maneira inconsequente, sem nos questionar sobre o assunto, mas a rapidez com que as informações têm vindo à tona é muito maior do que há cinco anos. A consciência de que é preciso mudar está por toda parte — na mídia, na creche do filho, no trabalho ou na mesa do bar.

Existe muita gente que não se importa em destruir o planeta. A boa notícia é que também existe muita gente lutando para preservá-lo. Sou otimista e já escolhi o meu lado. E você, de que lado quer estar?

Você não é uma gota no oceano; você é o oceano inteiro em uma gota.

E O QUE A MODA TEM A VER COM TUDO ISSO?

Sim, este livro é sobre moda, e até então falei sobre mudanças climáticas e catástrofes ambientais. O que é que a moda tem a ver com tudo isso? Muito mais do que imaginamos! Segundo dados da ONU Meio Ambiente, a moda é responsável por 8% a 10% das emissões de gases de efeito estufa,[2] mais do que os setores de aviação e de transporte marítimo juntos. O efeito estufa é um fenômeno natural que permite a vida humana na Terra, regulando a temperatura do planeta, mas, quando os gases responsáveis por ele são emitidos em excesso, como vem acontecendo, eles se tornam a principal causa do aquecimento global, um dos grandes vilões deste século. A intensificação das emissões de gases de efeito estufa se deve, principalmente, à queima de combustíveis fósseis por parte da indústria, a incêndios nas florestas e aos transportes terrestres e aéreos.

Além disso, a moda é o segundo setor da economia que mais consome água e produz cerca de 20% das águas residuais (esgoto) do mundo. Sem contar os altos níveis de agrotóxicos e pesticidas utilizados nas plantações de fibras de tecido, a desigualdade social provocada pelo mercado em relação à sua mão de obra, a quantidade de poliéster e microplásticos liberados por nossas roupas na etapa de lavagem e vários outros tópicos que serão pontuados ao longo deste livro.

Tudo isso para dizer que não é possível separar o mercado da moda da crise climática. Segundo o relatório da empresa

---

2 Para ler mais sobre o assunto, indico alguns links: "O que são gases do efeito estufa" (E-Cycle, disponível em: <www.ecycle.com.br/6037-gases-do-efeito-estufa.html>) e "Fashion on Climate" (McKinsey & Company, disponível em: <https://mck.co/37W3v3C>).

de consultoria McKinsey em parceria com o fórum Global Fashion Agenda, a indústria da moda precisa reduzir suas emissões de carbono para 1,1 bilhão de toneladas por ano, a fim de manter as mudanças climáticas dentro do 1,5°C discutido no acordo climático de Paris.

Precisamos urgentemente mudar a cadeia de valor da moda e estamos todos juntos nessa: indústria, marcas e consumidores. Segundo o relatório, a indústria representa 60% das emissões de dióxido de carbono, que podem ser diminuídas com a redução do uso de combustíveis fósseis e a adoção de fontes de energia renováveis e de materiais mais sustentáveis, biodegradáveis e reciclados.

Já o setor varejista e as marcas representam 20% das emissões e podem contribuir para a causa reduzindo a produção, o que evitará o estoque e o descarte de peças e incluirá a circularidade em seus processos.

E nós também somos parte dessa mudança. O mesmo relatório diz que em torno de 20% da descarbonização do setor depende do consumidor. Está em nossas mãos comprar menos, fazer escolhas melhores, apoiar a cadeia certa, pressionar marcas por mudanças, lavar menos nossas roupas, abolir o uso da secadora e cuidar melhor das peças para que elas durem mais.

A moda impacta diretamente o clima, e apenas com mudanças sérias, colaboração de todas as partes e abertura a novos modelos e sistemas econômicos conseguiremos reverter esse cenário. Não importa onde estamos nessa cadeia de valor, devemos agir desde já para assegurar nosso futuro em um planeta saudável.

MINHA RELAÇÃO COM A MODA

Desde que me entendo por gente, sou fascinada pelo universo da moda — assim como muitos de vocês, imagino. Sempre me diverti montando produções e tentando transmitir ao mundo um pouquinho de quem sou através do que visto. Confesso que poderia ter comprado menos roupas até aqui, mas esse sempre foi meu calcanhar de aquiles em relação a consumismo, sabe? E mesmo assim costumava me sentir insegura e excluída por não acompanhar tanto as tendências desse mercado.

Minha relação com a moda se tornou mais profissional em 2010, quando tive a oportunidade de fazer uma pós-graduação em *branding* na cidade de Barcelona, na Espanha. Coincidentemente (ou não), meu trabalho de conclusão de curso foi sobre a Inditex, um dos maiores grupos de moda do mundo, referência no mercado de fast fashion e dono de marcas conhecidas, como Zara, Bershka, Pull&Bear, entre outras. Ali eu entendi como funcionava esse mercado que, como o próprio termo já diz, oferece uma moda rápida: se eu visse um vestido que me chamasse a atenção nos desfiles de Paris, um modelo muito parecido estaria à venda nessas lojas por um valor acessível na semana seguinte.

Como acontece com a comida nas redes de fast food, no mercado de fast fashion, as roupas são produzidas, consumidas e descartadas de forma bem mais rápida que no modelo tradicional. Para que esse ciclo gire de forma acelerada, marcas de fast fashion vendem roupas da tendência atual a preços baixíssimos. Por trás disso estão produção em larga escala, trabalhadores mal pagos e tecidos de baixa qualidade, que viram lixo depois de poucas vezes de uso. Roupas de fast fashion em geral são usadas menos de cinco vezes e geram 400% mais emissões de carbono que roupas comuns,[3] portanto esse ciclo não é nada sustentável, e devemos ficar atentos a ele.

A situação piora quando você descobre que, caso não leve o produto na hora, é provável que ele não esteja mais ali na próxima visita, uma vez que as lojas de fast fashion trabalham com um número reduzido de peças de cada modelo a fim de despertar o consumismo e o imediatismo no consumidor.

Mas Barcelona também foi gentil comigo: me apresentou o encantado mundo dos brechós. Eu, que quase nunca comprava roupa de segunda mão, quis fazer parte daquela cultura que exalava autenticidade e estilo próprio. Voltei para o Brasil com um currículo especializado em *branding* de moda e uma mala repleta de roupas "garimpadas".

É assustador perceber que a maioria das peças que eu tinha adquirido em lojas de fast fashion se deteriorou em um ano de uso — com bolinhas, furos e manchas ou desgastadas pela máquina de lavar—, enquanto as roupas que comprei no brechó uso até hoje.

∩∩∩∩∩∩∩∩

---

3 "Making Climate Change Fashionable — The Garment Industry Takes on Global Warming", *Forbes*, 12 mar. 2015. Disponível em: <www.forbes.com/sites/jamesconca/2015/12/03/making-climate-change-fashionable-the-garment-industry-takes-on-global-warming/?sh=b61ba6579e41>.

O Projeto Gaveta

A criação do Projeto Gaveta foi um grande passo na minha jornada pessoal e profissional. Tudo começou numa bela noite do ano de 2013 em que eu e minha amiga Raquel Vitti Lino estávamos sentadas em frente ao guarda-roupa de outra grande amiga, Ana Clara, dando palpites na roupa que ela usaria em uma festa. Ela recusava todas as roupas que a gente escolhia, alegando que as peças não serviam, ou que não tinham mais a ver com o seu estilo, ou que já tinham sido muito usadas. Diante do impasse, Raquel sugeriu algo que mudou a minha vida: "E se trocássemos roupas entre nós? Afinal, todas temos peças bacanas paradas no armário, que por alguma razão não usamos mais". Eu, que já trabalhava no mercado de *branding* de moda tradicional sem muito entusiasmo, abracei essa ideia como uma grande oportunidade: "É com esse tipo de moda que quero trabalhar!". Não iríamos trocar apenas entre amigas, mas entre todo mundo que quisesse participar do movimento.

Em setembro de 2013, nasceu o Projeto Gaveta — a partir de uma necessidade nossa enquanto consumidoras. Raquel e eu começamos a planejar o primeiro evento: levantamos uma graninha num site de financiamento coletivo e pedimos ajuda aos nossos amigos para espalhar a notícia nas redes sociais. Enviei um e-mail despretensioso a Gilberto Dimenstein, criador do Catraca Livre, que não só nos respondeu como firmou uma parceria de divulgação conosco. Pronto, a possibilidade de renovar o guarda-roupa sem gastar nada já estava correndo por São Paulo.

Recolhemos mais de 3 mil peças deixadas na portaria do meu prédio, o que causou muita confusão com o porteiro e com os outros moradores. No apartamento pequeno, então, nem se fala: só se viam sacolas e roupas, muitas roupas, uma quantidade interminável de roupas. Chegamos a nos perguntar se não tinha sido loucura "inventar moda". No dia da primeira troca, veio a resposta: os oitenta participantes eufóricos com a oportunidade de renovar o guarda-roupa de graça provaram que estávamos diante de um novo modelo de consumo que aparentemente daria certo. Isso nos deu a certeza de que não podíamos mais parar. E lá se foram sete anos, treze eventos, 10 mil participantes e mais de 60 mil peças em circulação.

E por que o Gaveta deu tão certo? Porque conseguimos transferir a sensação de compra para a troca. Vivemos, infelizmente, em um sistema capitalista que nos gera desejos constantes e nos faz querer comprar sempre mais e mais. O tipo de consumo que o Gaveta proporciona é uma das maneiras de nos satisfazer sem que necessariamente tenhamos que usar o capital como principal moeda de troca. Falaremos muito mais sobre isso ao longo do livro, vem comigo!

Mesmo depois de lançar o Projeto Gaveta, eu ainda comprava sem pensar, ignorando as consequências das minhas ações. Só aos poucos fui percebendo que consumir não era a maneira como queria experimentar a moda.

Tudo mudou em 2015, quando ocorreu a maior tragédia do mundo da moda já vista até hoje: o prédio Rana Plaza, em Bangladesh, que abrigava confecções das principais marcas do mercado, desabou devido a más condições de manutenção e rachaduras em sua estrutura. O acidente matou 1138 pessoas, a maioria jovens mulheres e mães — estima-se que 2500 crianças tenham se tornado órfãs —, e outras 2500 mulheres ficaram gravemente feridas — muitas dessas impossibilitadas de voltar a trabalhar. Nos escombros, encontraram-se etiquetas das principais cadeias de moda do mundo — GAP, Primark, Walmart, H&M —, que já haviam sido alertadas sobre a situação precária do edifício. As notificações foram ignoradas, afinal, vivemos em um sistema que põe o lucro acima de tudo — até mesmo de vidas humanas.

Comecei a refletir cada vez mais: quem fabricava as roupas que eu usava? Em quais condições exerciam suas funções e quanto ganhavam? Na mesma época, um lado desconhecido da indústria da moda veio à tona. Surgiram relatos de trabalho análogo à escravidão, inclusive no Brasil. Percebi que as blusinhas que eu comprava por dez reais só eram tão baratas porque alguém não estava recebendo um salário justo por sua mão de obra. Entendi que havia uma conexão direta entre a roupa que eu usava e a situação de vida dessas mulheres, pois fazemos parte da mesma cadeia — ou melhor, da mesma teia da vida. Assim, a indústria da moda está intimamente atrelada à luta feminista por direitos iguais, uma vez que tende a reproduzir as opressões da sociedade e potencializar a exploração das mulheres.

Depois de muitas pesquisas e muitos questionamentos, sei que a indústria da moda está entre as dez mais poluentes do planeta e é a segunda em exploração de pessoas. Além disso, esse mercado fomenta o consumismo, acirra as desigualdades sociais e promove a exclusão de parte significativa da população.

À medida que a sustentabilidade entrou em pauta, o Projeto Gaveta ganhou novos adeptos e se transformou em um movimento por uma moda mais consciente. Promovemos debates sobre novas formas de produção, consumo, inclusão e representatividade, organizamos trocas de roupas — nosso carro-chefe — e conduzimos performances, exposições, bate-papos, palestras e feiras de marcas sustentáveis. Claro, nada disso se faz sozinho: pessoas iluminadas cruzaram o meu caminho, tornando-se grandes amigas e mudando a minha visão de moda para sempre.

Hoje, 90% do meu armário é composto de peças usadas ou trocadas. Quase não compro roupas em lojas e, quando acontece, minha consciência está leve por fazer as melhores escolhas. Sou otimista, lembra? Apesar das crises, amo moda! Adoro a possibilidade de me expressar através do que visto e me divirto inventando looks que revelam minha personalidade e fazem com que eu me sinta bem.

Este livro existe porque acredito que posso levar você nessa comigo. Nas próximas páginas, mostro que dá sim para ter uma relação prazerosa com esse universo tão complexo. A moda pode ser tratada de forma divertida e, ao mesmo tempo, constituir um instrumento de revolução. Nossas roupas são símbolos de resistência na luta por um mundo com mais diversidade, inclusão social, salários justos e práticas sustentáveis.

Vamos juntes?

2.
Afinal, o que é moda sustentável?

O mercado da moda é sempre um grande desafio quando se trata de sustentabilidade. Afinal, ele tem a capacidade de oprimir todos os envolvidos: a natureza, os trabalhadores e os consumidores.

E já que o tema principal deste livro é moda sustentável, aí vai uma breve explicação sobre esse conceito cada vez mais presente no nosso dia a dia:

Moda sustentável é aquela que respeita o meio ambiente e a sociedade, valorizando as pessoas envolvidas no processo e incentivando o consumo consciente — ou seja, sem excessos.

Apesar da definição simplificada, a fim de facilitar o entendimento desse conceito relativamente novo em nossas vidas, confesso que também tenho certa dificuldade em definir o que é moda sustentável, pelo fato de que tudo que envolve a palavra "sustentabilidade" é mais complexo do que parece. Passei anos achando que moda sustentável era uma obrigação apenas das marcas, das indústrias e dos governos, mas depois entendi que nós, cidadãos, também podemos participar dessa revolução. Estima-se que 30% do gasto de água esteja na fase de uso da peça, isto é, a partir do momento em que a temos em mãos. Ficamos também com a responsabilidade de "consumir sem excessos", o que nos leva a agir com consciência enquanto vivenciamos uma era de superconsumo, com ofertas infinitas pipocando diante dos nossos olhos o tempo todo. E, principalmente, podemos pressionar marcas por mudanças. Se o único poder que temos é o da carteira, então precisamos fazer uso dele! Não podemos mais apoiar e dar espaço a marcas e grupos que compactuam para a destruição do planeta e o aumento da desigualdade social.

Já as marcas de moda são responsáveis por diminuir seus impactos em todos os pontos da cadeia, promovendo desde a redução da emissão de gases de efeito estufa e do gasto de energia em sua produção até o uso consciente da água, o emprego de materiais biodegradáveis e o auxílio a seus clientes no descarte correto de suas peças.

A partir desse contexto, percebemos que o conceito de moda sustentável apresenta duas dimensões principais:

a ambiental e a social. Antes de separar as duas coisas, é importante ressaltar que as marcas podem abordar a sustentabilidade em vários pontos de sua cadeia, mas, dentro do atual sistema econômico, é impossível que sejam 100% sustentáveis. Isso acontece porque toda produção gera algum impacto, seja na exploração de recursos naturais ou de insumos.

Mas, na prática, como uma marca de moda pode se tornar sustentável?

DIMENSÃO AMBIENTAL

Analisando do ponto de vista ecológico, as ações mais comuns que marcas adotam para minimizar os impactos na natureza são:

Uso de materiais sustentáveis

Os tecidos são fatores importantes para a sustentabilidade de uma marca. O ideal é que eles sejam compostos de fibras naturais e, portanto, biodegradáveis. Os tipos que mais vemos por aí são o linho, a lã, a seda e o algodão, mas, graças à tecnologia, várias inovações estão surgindo. Já ouviu falar em tecidos desenvolvidos a partir de algas, soja, pó de café, fibras de bananeira, bambu, cânhamo ou abacaxi? Ufa! A gente nem imagina que existam tantas opções, né? Além de biodegradáveis, essas fibras precisam de menos produtos químicos e gastam menos água para ser fabricadas. Falaremos mais sobre tecidos sustentáveis no capítulo 7.

Tingimento natural

Nessa técnica, o tingimento é feito imergindo os tecidos em banhos quentes com corantes e pigmentos naturais extraídos de cascas de madeira, flores, folhas, sementes e raízes. Esse processo não envolve nenhum corante químico, evitando a poluição e o desperdício da água, como acontece no processo convencional de tingimento de tecido. Para se ter uma ideia, a indústria têxtil mundial usa entre 6 e 9 trilhões de litros de água a cada ano, apenas para tingir tecidos.

Reciclagem e reutilização de tecidos

Estima-se que 80 bilhões de roupas novas são produzidas anualmente. Dessas, 40% são pouco ou quase nunca usadas e vão parar em aterros sanitários ou lixões. Por que fabricar mais peças se temos o suficiente para gerações inteiras? E por que não criar roupas completamente novas customizando as já existentes? Esse processo, conhecido como *upcycling*, é uma das inovações mais importantes da moda contemporânea, uma vez que exige que os designers encarem o desafio de olhar para os resíduos como algo de valor, criando a partir de itens que iriam para o lixo. A venda de roupas de segunda mão também pode ser vista como uma espécie de reciclagem, pois peças usadas são reincorporadas ao mercado, movimentando a economia e ganhando outro dono.

Tecidos também são fabricados em excesso: só em São Paulo, na região do Brás e do Bom Retiro, vinte toneladas são descartadas todos os dias! Algumas marcas reaproveitam esse excedente gerado pela indústria para produzir novas coleções. Nesse caso, o desafio do designer é adequar suas ideias ao que já existe — uma tarefa muito mais difícil do que criar a partir do zero.

Redução de insumos

A tecnologia é uma grande aliada da sustentabilidade. Graças ao seu desenvolvimento, estão surgindo meios de produção que usam cada vez menos recursos naturais e reduzem a emissão de dióxido de carbono. Para que isso aconteça, é preciso amplo conhecimento técnico tanto por parte do estilista quanto do engenheiro têxtil a fim de entender cada etapa da cadeia e descobrir onde pode haver ajustes benéficos ao meio ambiente. Apesar de se tratar de um assunto complexo, esse é um ponto-chave ainda pouco explorado que possibilitará avanços no setor.

Produtos circulares

Está aí uma nova forma de economia que pode mudar o rumo do mundo. Usamos a expressão *cradle to cradle* ("do berço ao berço") quando as marcas conseguem fabricar roupas que, depois de descartadas, são reintegradas ao meio ambiente ou voltam ao ciclo de produção. Nem vou me estender por aqui porque falaremos mais sobre isso na página 64.

Produção local

Quanto mais próximo de você uma roupa for produzida, menos ela emitirá dióxido de carbono para existir, já que não passará por longas viagens que utilizam navio ou avião para chegar às suas mãos. Sem contar que priorizar essas marcas colabora com o desenvolvimento da economia local, empregando pessoas da região.

A importância de uma moda mais sustentável para o meio ambiente

A indústria da moda é uma das principais causadoras de danos ao meio ambiente. Seus processos químicos são responsáveis por aproximadamente 8% da emissão global de carbono,[4] além de poluírem as águas de rios, lagos e oceanos. Países subdesenvolvidos dependentes da indústria têxtil, como a China, a Índia e Bangladesh, utilizam rios como lixeiras de resíduos líquidos. Só para se ter uma ideia do estrago, os sete mais importantes rios da China, terceiro maior país do mundo em extensão territorial e principal fabricante de roupas, já estão contaminados.

A indústria de roupas e acessórios também ocasiona um enorme desperdício de água, nosso bem mais valioso. Uma única calça pode gastar até 9500 litros de água durante a sua vida útil — e isso inclui etapas como o plantio de algodão, o tingimento (para atingir o tom de lavagem da moda) e até os litros gastos pela máquina de lavar.[5] Já contou quantos jeans você tem no armário?

O cultivo da fibra utilizada na confecção de uma camiseta branca de algodão requer em média 2700 litros de água,[6] e, mesmo se tratando de uma fibra natural, que ocupa 2,5% das terras plantadas no mundo, sua produção envolve 25% do consumo global de inseticidas e pesticidas.[7]

O plástico, outro grande inimigo do meio ambiente, também está presente até nas roupas que vestimos. A maioria das peças comercializadas atualmente é feita de poliéster, fibra sintética obtida a partir de petróleo e que leva 450 anos para se decompor. Além disso, esse tecido, quando lavado, solta micropartículas de plástico, que acabam caindo na corrente de água e vão parar nos oceanos. Lá são ingeridas por animais marinhos, que as confundem com alimento e se contaminam.

---

4 Segundo relatório da Quantis publicado em 2018. Disponível em: <https://quantis-intl.com/wp-content/uploads/2018/03/measuringfashion_globalimpactstudy_full-report_quantis_cwf_2018a.pdf>.

5 "Levi's pretende reduzir uso de água na produção de jeans", *Exame*, 7 nov. 2011. Disponível em: <https://excme.com/mundo/levis-pretende-reduzir-uso-de-agua-na-producao-de-jeans/>.

6 Água virtual: como fazer essa conta", Agência Nacional de Águas e Saneamento Básico (ANA), 15 mar. 2019. Disponível em: <https://www.ana.gov.br/noticias-antigas/agua-virtual-como-fazer-essa-conta.2019-03-15.3682323252>.

7 "Uma revolução começou nas nossas roupas — e cada peça conta", *Exame*, 22 maio 2016. Disponível em: <https://exame.com/negocios/uma-revolucao-comecou-no-seu-armario-e-cada-conta/>.

DIMENSÃO SOCIAL

A questão ambiental é extremamente importante para mudarmos o percurso desse mercado. Mas, quanto mais eu estudo sobre o tema, mais aprendo que a moda sustentável é sobre pessoas. É sobre remunerar de maneira justa a mão de obra, apoiar a cadeia certa de produtores de tecido, estimular a arte indígena a fim de fortalecer a existência dos povos nativos e promover a representatividade dentro e fora da empresa, para que mais pessoas se sintam incluídas nesse universo. Dessa forma, separei algumas práticas importantes que levam a sério os direitos humanos e dos animais:

Remuneração justa

Reconhecer a mão de obra empregada na produção, oferecendo salários justos por ela, é um dos pré-requisitos da sustentabilidade (mas deveria ser a premissa básica para qualquer negócio, sustentável ou não). As marcas devem se responsabilizar por seus funcionários, garantindo remuneração adequada e ambientes seguros de trabalho.

Trabalho artesanal

Como não se apaixonar pelo bordado das bordadeiras do Vale do Jequitinhonha (@mulheresdojequitinhonha) ou pelos produtos cheios de afeto da Rede Asta (@rede_asta)? Um dos meus temas favoritos na moda sustentável é a valorização do artesanato e das pessoas por trás desse trabalho. São os artesãos, com seus conhecimentos tradicionais, muitas vezes centenários, que criam peças lindas e cheias de afeto. Por isso, a indústria da moda precisa preservar esses saberes manuais, não com apropriação, mas sim com apoio aos profissionais e a suas comunidades, além de prover remuneração justa e investimentos a longo prazo. Parcerias feitas com cuidado podem impactar positivamente a vida de famílias, melhorando a saúde física e mental das pessoas, suas relações familiares e o futuro de suas crianças.

Inclusão social

Apoiar mulheres, grupos étnicos e minorias é a melhor forma de valorizá-los, e no mundo da moda não é diferente. No entanto, não se trata apenas de fazer campanhas com pessoas transgêneras ou criar coleções inspiradas em comunidades indígenas, mas de incluir essas pessoas em todas as etapas do negócio, capacitando-as tecnicamente, dando espaço para a sua livre expressão artística e oferecendo o devido reconhecimento financeiro por seu trabalho.

Recentemente assisti ao documentário *O ponto firme,* sobre o workshop de crochê que o estilista Gustavo Silvestre desenvolve com detentos da Penitenciária II Desembargador Adriano Marrey. A coleção ali criada foi desfilada na São Paulo Fashion Week em 2018. Também sou fã do modelo de negócio (e das peças) da PanoSocial (@panosocial), cujas roupas são costuradas por ex-detentos com o objetivo de reintegrar essa população ao mercado de trabalho. Usar a moda para mudar o sistema é também pensar na profissionalização das populações vulneráveis, gerando renda e trabalho digno.

Adoção do modelo um pra um

A grande pioneira desse conceito foi a TOMS, que despontou no mercado com a proposta de, a cada venda, doar um par de sapatos a uma criança em situação de vulnerabilidade. Hoje já vemos essa ação aparecer nos mais diferentes formatos, com doações que vão desde exames de vista e óculos de grau a materiais escolares por peça vendida. Há também marcas que revertem parte do lucro a projetos, ações sociais e ONGs que reduzem os impactos da desigualdade no mundo.

Proteção animal

Essa causa é abraçada principalmente por marcas veganas, que não testam seus produtos em animais nem utilizam materiais como couro, lã, seda e pérolas em suas coleções. Até pouco tempo atrás, os animais não eram levados em conta quando se falava em sustentabilidade. Mas isso vem mudando, e cada vez mais trazemos a exigência de respeito aos direitos dos animais também ao nosso guarda-roupa, dando preferência a peças de matérias-primas vegetais e biodegradáveis.

A outra face da mão de obra

O setor têxtil é o segundo que mais pratica o trabalho escravo no mundo, ficando atrás apenas do setor tecnológico, e, atualmente, existem mais de 40,3 milhões de pessoas — das quais 71% são mulheres — submetidas a condições de trabalho degradantes.[8]

Engana-se quem acha que esses casos estejam relegados a países asiáticos distantes, onde as leis trabalhistas são mais frouxas. Imagine uma família que compartilha um apartamento pequeno e sem janelas no centro de São Paulo com mais quinze moradores. Colchões, máquinas de costura e montes de roupas ocupam todo o espaço disponível. Essas pessoas acordam, trabalham das sete da manhã às dez da noite, dormem e, no dia seguinte, repetem tudo outra vez, sem folgas ou tempo de descanso, recebendo um valor insignificante de acordo com a quantidade de peças que conseguem fazer — só para se ter uma ideia, um trabalhador nessas condições que produz uma camisa pela qual pagamos cem reais em uma loja ganha em média oitenta centavos de remuneração. Essa não é uma situação rara no Brasil.

Diferentemente da escravidão histórica, oficialmente abolida em 1888, na escravidão moderna — ou "trabalho análogo à escravidão", crime previsto no Código Penal —, as pessoas são sujeitas a salários irrisórios, ambientes insalubres e jornadas tão exaustivas que podem causar danos físicos. Além disso, pode haver restrição de locomoção por dívida com o empregador, ou seja, os trabalhadores são obrigados a exercer suas funções mesmo se estiverem doentes ou em idade de se aposentar. Muitos se submetem a essas condições por uma questão de sobrevivência.

Mais uma vez é importante frisar: vivemos em um sistema em que as empresas visam ao lucro acima de tudo, e quem dita as regras é o elo mais forte e rico do capitalismo — no caso, o empregador/patrão. Por isso, a atuação de órgãos públicos, como o Ministério do Trabalho, a Polícia Federal e a Polícia Civil, e de ONGs de combate ao trabalho escravo é de extrema importância para fiscalizar e impedir que essa situação se perpetue. Também se torna cada vez mais importante a presença dos sindicatos para lutar e garantir direitos. Nós, como cidadãos, podemos votar em políticos que se preocupam com a classe trabalhadora e protegem os direitos humanos, e, na posição de consumidores, temos o poder de financiar apenas marcas éticas e transparentes.

---

8 Dados publicados em 2017, pela International Labour Organization Office e pela Walk Free Foundation, que pesquisa e gera dados sobre a escravidão moderna no mundo. Disponível em: <https://www.ilo.org/wcmsp5/groups/public/@dgreports/@dcomm/documents/publication/wcms_575479.pdf>.

3. Desmistificando a moda sustentável

Moda sustentável é cara, inacessível ou pouco atrativa: esses são alguns dos mitos que ouvimos por aí, na maioria das vezes reverberados por pessoas avessas a mudanças. Mas uma das coisas que aprendi quando decidi agir de modo mais consciente em relação ao meu consumo e às minhas roupas é que para tudo existe uma solução — buscar saídas para os problemas que surgiram no caminho me transformou em uma pessoa mais questionadora sobre como o mundo funciona e como nos posicionamos em relação a ele. Bom, tudo isso para dizer que vou compartilhar com você as respostas que encontrei para todos os argumentos que, por alguma razão, impediam a moda sustentável de entrar no seu guarda-roupa.

MITO Nº 1: "MODA SUSTENTÁVEL É CARA"

Mentira. Como acontece com os produtos de qualquer outra categoria do mercado, as roupas sustentáveis podem ser caríssimas — nesse caso, apenas uma ínfima parcela da população tem o poder aquisitivo para comprá-las —, mas também podem ser baratas e acessíveis.

Vou contar um segredo: na moda sustentável, você pode adquirir roupas a partir de zero real. Isso mesmo, de graça! Utopia? Não, realidade! No consumo colaborativo, por exemplo, verbos como "emprestar", "alugar", "compartilhar" e "trocar" substituem "comprar", afinal, por que possuir algo a que podemos ter acesso sem gastar nenhum centavo?

Uma das práticas do consumo colaborativo é a famosa troca de roupas, muito difundida em várias partes do mundo, inclusive no Brasil. O intercâmbio das peças acontece on-line, através de aplicativos e sites, ou pessoalmente, em eventos (alô, Projeto Gaveta!) e em rodas de amigos e família. Essa é a maneira mais sustentável de consumir moda, pois estamos tirando do armário o que não serve mais e pondo no lugar peças que, além de estarem prontas sem nenhum custo adicional, vão ganhar novo uso.

O guarda-roupa compartilhado também faz parte dessa onda. Já pensou em dividir um único armário com amigas e parentes? Você não só aumenta a diversidade e o volume das peças disponíveis, como renova a sensação de roupa fresquinha, sem gastar nada. A partilha exige planejamento e logística para funcionar, por isso, se não estiver a fim de encabeçar o projeto, você pode recorrer a empresas que ofereçam acesso a um guarda-roupa recheado de peças lindas por um valor mensal preestabelecido — por exemplo, a Roupateca (@roupateca), em São Paulo, o Reacervo (@reacervo) no Rio de Janeiro, e a Lucid Bag (@lucidbag), em Goiânia. Ainda no gancho do consumo colaborativo, o aluguel de roupas está a todo vapor: a maioria dos brechós já disponibiliza a locação de peças, e existem várias empresas especializadas nesse serviço — é o caso da Acervo Vintage (@acervovintagem.m) e da Dress & Go (@dressandgo), que trabalham com peças exclusivas e vestidos de festa. Além de economizar, você não fica com aquele vestido longo parado no guarda-roupa, acumulando pó e desperdiçando espaço (e energia!).

Roupas infantis também entram nessa onda — e vamos combinar que faz todo o sentido, já que os pequenos perdem as peças muito rápido. A boa notícia é que já existem empresas fazendo isso, como a Tuga (@tuga_assinaturacircular), a Johnny's (@j_ohnny_s) e a Circulô (@usecirculo).

Comprar em brechós é outra maneira de adquirir roupas sustentáveis por um preço acessível — como as peças já estão prontas, não é necessário mais água e insumos, barateando a venda ao consumidor final. Devido à proliferação dos brechós, a lógica "diferentes perfis, diferentes preços" também se aplica aqui: é possível encontrar brechós caríssimos, em que a curadoria e as marcas de luxo encarecem as peças, mas o mais comum são aqueles recheados de roupas baratinhas a valores infinitamente menores do que os que vemos por aí em lojas e shoppings.

O *upcycling* (mencionado na página 28) também nos permite consumir peças sustentáveis a um preço acessível, embora não tão baratas quanto as de brechó — isso acontece porque existe uma mente brilhante que ressignifica e dá vida nova às roupas, diversificando cortes, costuras e elementos. Cabe a nós, consumidores, reconhecer e valorizar esse trabalho. Ainda assim, por se tratar de peças já produzidas, o produto final acaba saindo mais barato que um tecido novo.

Todas essas alternativas contribuem para a circulação de roupas usadas. Mas e quanto às peças novas e sustentáveis? É possível adquiri-las a um preço acessível? A resposta é: quem procura, acha! Feiras e bazares normalmente saem mais em conta que lojas tradicionais, e você ainda tem a oportunidade de apoiar pequenos produtores.

Acho importante abordar também o lado caro da moda sustentável para entender por que as roupas têm o valor que têm. No primeiro capítulo, você descobriu que os dois pilares da moda sustentável são o meio ambiente e a responsabilidade social. Uma marca ética que se preze fabrica suas coleções com tecidos de fibras naturais e biodegradáveis, como o linho, o algodão, a lã e a seda. Eles são mais caros do que tecidos sintéticos, como o poliéster e a poliamida, porém se desgastam com menos facilidade, produzindo roupas de maior durabilidade. Assim, é mais vantajoso comprar uma única camiseta de qualidade do que investir o mesmo valor em quatro que não resistirão a várias lavagens.

Durante muito tempo, pagamos uma pechincha em blusinhas de grandes magazines, mas hoje sabemos que essa conta não fecha: cada peça passa por, no mínimo, quinze etapas de produção, e, se podemos comprá-la por um valor excessivamente baixo, alguém (sempre o elo mais fraco) não está recebendo o justo por sua mão de obra — como já vimos, o trabalho escravo é mais comum do que gostaríamos de admitir. As marcas sustentáveis pagam salários coerentes a seus funcionários, o que aumenta o valor final dos produtos. O mesmo acontece quando as peças são feitas de forma artesanal, com um processo de fabricação mais lento e em baixa escala.

MITO Nº 2: "MODA SUSTENTÁVEL É FEIA"

Muitas pessoas associam a estética sustentável a uma moda sem acabamento nem design, ou então de aparência desleixada, com roupas e estampas que não combinam entre si. A primeira parte é mito, a segunda pode até ser verdade. Vou explicar...

Quanto à questão estética, o mínimo que uma marca precisa para ter sucesso no mundo atual é um produto bonito, bem-acabado e com modelagens que abracem os diversos tipos de corpos. Há uma vasta gama de opções sustentáveis para todos os gostos e perfis — de quem curte uma estética mais despojada, com acessórios de sementes, tops de crochê e vestidos longos com tingimento natural, a quem é mais moderno e adora roupas estruturadas e modelagens com recortes. Sustentabilidade não é sobre os tipos de peça, mas sobre como a roupa foi feita, quem produziu e quais materiais foram utilizados.

Agora, quanto à questão da "esquisitice", trata-se de uma tendência comportamental que caminha junto com os movimentos sociais. Costumávamos achar que a moda era feita de terninhos e tailleurs, mas ultimamente o estilo "desleixado" tem invadido muitos ambientes com a proposta de transgredir regras formais e abrir espaço para a fluidez — o perfeito ficou no passado, e o imperfeito está em alta! A moda está acompanhando as transformações da nossa época, respondendo à crescente onda conservadora que presenciamos. Cada vez mais, usamos roupas que refletem a nossa libertação de antigos padrões.

MITO Nº 3: "MODA SUSTENTÁVEL É DIFÍCIL DE ENCONTRAR"

Me diz alguma coisa que seja difícil de encontrar quando temos acesso à internet na palma da mão? O mais complicado talvez seja mudar os nossos hábitos e expandir os nossos horizontes: um portal infinito de marcas sustentáveis está se abrindo, basta que você direcione o olhar, siga as pessoas certas e consuma informações de veículos de comunicação que compartilhem valores mais éticos e humanos. Essa decisão é só sua. Bora usar o algoritmo de busca da internet e das redes sociais a nosso favor?

Para ajudar você a começar sua pesquisa, aí vão algumas dicas de coletivos que apoiam marcas sustentáveis e de pessoas engajadas nesse movimento: @modefica, @projetogaveta, @roupartilhei, @fash_rev_brasil, @trameiras, @portaldasmodas, @santodecasa.co e @desavesso. Explore, pule de uma página para outra e descubra cada vez mais pessoas e marcas que têm o seu estilo. Em pouco tempo, o seu algoritmo vai mudar completamente. Bem-vindo à nova moda. :)

A MODA É PARA TODO MUNDO

Uma das razões que me motivaram a escrever este livro foi observar as pessoas que dizem não entender nada de moda, que a encaram como uma futilidade ou que abordam o tema de forma alienada. Acredito que todos deveriam gostar pelo menos um pouquinho do assunto, já que a moda é uma expressão artística e pessoal — nossas roupas manifestam a nossa personalidade; elas são um jeito de dizer ao mundo: "esta sou eu; é assim que eu quero que vocês me vejam!".

Suspeito que as regras que foram surgindo para facilitar a nossa apropriação da moda acabaram nos distanciando dela enquanto linguagem individual, limitando as possibilidades a padrões estéticos prontos. Apesar de expressarem apenas a opinião de um jornalista ou de um estilista, imperativos como "baixinhas, não usem calças na altura da canela, porque achatam ainda mais o corpo" e "mulheres de quadris largos, fujam das listras horizontais" foram tidos como verdades absolutas por muito tempo. Mas qual lei nos obriga a seguir essas prescrições à risca? Nenhuma! Há alguns anos surgiu também a febre das blogueiras. A cada dia era preciso postar um look diferente (ai de quem repetisse!): bolsa da moda, sapato da moda, cor da moda... e lá se vai um tempo precioso gasto em compras, além de muito dinheiro mal investido. Para mim, tratar a moda como algo glamouroso e inacessível é futilidade. Mais que isso, é uma forma de alienação. Vivemos em um país de extrema desigualdade, em que apenas uma parte minúscula da população pode comprar uma bolsa de luxo. Pessoas influentes precisam se responsabilizar pelo desejo que fomentam em quem as admira.

Já a ânsia por novidade dá lugar a tendências cada vez mais curtas, às quais devemos aderir para mostrar à sociedade que entendemos de moda. Quem não conseguir acompanhar esse ritmo desenfreado se distancia aos poucos até que... "Ah, quer saber? Moda não é pra mim."

Posso contar um segredo? Se você usa roupas, a moda é sim pra você! E todo mundo usa roupa, certo? Nos próximos capítulos, prometo que vou provar por A + B que você faz mais parte desse universo do que imagina e que se permitir explorá-lo pode ser uma jornada de autoconhecimento deliciosa. E aí, está pronto?

O outro lado do padrão estético

Por muito tempo a moda foi representada na mídia sobretudo por pessoas brancas, altas e magras. Esse corpo "ideal" está muito distante da realidade, excluindo a grande diversidade de formas e cores que existem por aí e que deveria ser celebrada. A maioria das mulheres não se encaixa no padrão estético apresentado pela indústria: algumas tentam alcançá-lo através de cirurgias plásticas, dietas restritivas, cremes, massagens, remédios e até choques, e outras acabam se afastando do universo da moda, acreditando que não pertencem a ele. A busca incessante pelo enquadramento gera ansiedade e baixa autoestima, que podem desencadear questões mais graves, como distúrbios alimentares e depressão.

É necessária uma profunda mudança de pensamento e de atitude que não seja da boca para fora. Não basta que uma celebridade negra estampe uma capa de revista, queremos ver uma variedade maior de pessoas trabalhando e ocupando cargos de liderança. Graças à luta do feminismo, principalmente da sua vertente negra, o cenário do Brasil vem mudando, e os consumidores passaram a pressionar as empresas por não se sentirem representados: antes adaptavam seus corpos às roupas, agora exigem que as roupas sejam adaptadas aos seus corpos.

As tendências da moda estão vindo menos das passarelas e das Fashion Weeks e muito mais das ruas e dos espaços coletivos. Quem tinha sido posto à margem ao longo da história se articulou e usou as redes sociais para conquistar seu espaço, além de uma legião de seguidores (como eu!) que buscavam uma referência mais verdadeira.

Tenho consciência dos privilégios que possuo por ser branca e magra, por isso procuro abandonar a minha zona de conforto, exercer a empatia e usar a minha voz a favor da mudança. Imagino como deve ser revoltante não encontrar nenhuma peça do seu tamanho em determinada loja simplesmente porque ela não deseja incluir mulheres de corpos mais volumosos no seu perfil de clientes. Isso é muito cruel!

Na minha opinião, marcas que não conversam com públicos diversos são um desserviço ao mercado da moda e devem ser boicotadas — me recuso a comprar o biquíni de uma empresa que só fabrica modelagens para pessoas magras.

Por uma moda antirracista

O sistema socioeconômico em que vivemos é estruturalmente racista. Isso porque, ao longo dos séculos, a Europa desenvolveu e difundiu uma cultura que punha o europeu branco acima de todos os outros povos. Com base em princípios racistas e extrativistas, as grandes potências econômicas escravizaram milhões de pessoas negras e indígenas e destruíram as riquezas naturais da África e das Américas. Apesar de se tratar de um passado distante, as consequências persistem ainda hoje: em todo o mundo, as populações negras e nativas são as mais vulneráveis social e economicamente e também as que mais sofrem com a violência policial e a desigualdade social.

Durante a escrita deste livro, o movimento global Black Lives Matter [Vidas Negras Importam] voltou a ganhar força e incentivou manifestações que tomaram as ruas e a internet, aumentando a visibilidade das pautas negras e a urgência de reconhecer que o racismo e eurocentrismo permeiam todas as esferas do nosso sistema, inclusive a moda.

Por anos, corpos brancos predominaram em passarelas, revistas e cargos altos da moda, mas, com a difusão das redes sociais, pessoas não brancas ganharam poder, espaço e público, aumentando a importância da representatividade para que uma marca se mantivesse relevante no mercado. Apesar disso, na maioria das vezes, a inclusão era apenas superficial e nunca efetiva. O Black Lives Matter incentivou a denúncia contra estilistas, maquiadores, fotógrafos, bookers e outros protagonistas da indústria da moda conhecidos por humilhar funcionários e modelos com atitudes e comentários racistas, xenófobos e gordofóbicos.

Mais do que pedir desculpas ou postar uma mensagem de apoio ao movimento, a indústria da moda (bem como todos nós, brancos) precisa reconhecer seu histórico racista. Para combater o preconceito, é necessário incluir a diversidade não só nas passarelas e nas campanhas, mas em todas as equipes que fazem a moda ganhar vida, tornando digno o dia a dia dessas pessoas.

Obrigada, Djamila Ribeiro (@djamilaribeiro1), Luiza Brasil (@mequetrefismos), Alexandra Gurgel (@alexandrismos), Joice Berth (@joiceberth), Thais Carla (@thaiscarla), Raissa Galvão (@rayneon), Ana Paula Xongani (@anapaulaxongani), Loo Nascimento (@neyzona), Igi Lola Ayedun (@igiayedun), Day Molina (@molina.ela), Erika Hilton (@hilton_erika) e tantas outras mulheres maravilhosas por me inspirarem com sua força e coragem, me ensinarem sobre seu universo e me instigarem a questionar os meus privilégios diariamente.

Por uma moda mais inclusiva

Não poderia deixar de comentar também sobre a inclusão do corpo com deficiência dentro do universo da moda. No Brasil, cerca de 23% da população tem algum tipo de deficiência, mas onde essas pessoas estão representadas na moda? Ainda não vemos marcas preocupadas em produzir peças funcionais para cadeirantes ou com tamanhos menores para pessoas com nanismo, por exemplo. As lojas não possuem vendedores com treinamento correto para atender pessoas com deficiência e nem sequer vemos essas pessoas nas campanhas de moda.

Essa é uma reflexão urgente, porque a moda deve ser acessível a todo mundo. Mais uma vez, tenho procurado ir além da minha bolha e escutar questionamentos de quem sente a discriminação na pele. Obrigada, Michele Simões (@micsimoes), Marcela Perrota (@pequenicesblog), Rebeca Costa (@looklittle), Izabelle Marques (@bellypalma), Leandrinha Du Art (@leandrinhadu) e tantas outras pessoas dentro desse movimento que ampliam meu olhar em relação ao que devemos exigir para ter uma moda mais justa.

MODA É, ACIMA DE TUDO, UM ATO POLÍTICO

Em 2020, Kamala Harris fez seu discurso de vitória como vice-presidente dos Estados Unidos vestindo um terninho e uma blusa brancos. Alexandria Ocasio-Cortez fez, em 2019, seu discurso de posse como a mais jovem congressista dos Estados Unidos também com um terno branco. Shirley Chisholm, a primeira mulher negra a ser eleita para o Congresso americano, também usou branco em sua posse, em 1969.

O fato de todas elas escolherem a mesma cor não é mera coincidência: o branco é um símbolo do movimento sufragista nos Estados Unidos, que lutou pelo direito das mulheres ao voto no final do século XIX e no início do século XX. A vestimenta é usada como um código visual e se torna sinal de união e resistência.

Mas não é só em altos cargos da política que a manifestação através da moda se faz possível. A roupa que usamos diariamente é um poderoso meio de comunicação para mostrar ao mundo quem somos e o que pensamos. Usamos a moda como um ato político, por exemplo, quando apoiamos artesãos indígenas e usamos sua arte em nosso corpo. Essa é uma das inúmeras maneiras de dizer que somos contra o genocídio de que os povos indígenas são vítimas há séculos no país. Também fazemos uma declaração política ao sair por aí com o clássico boné vermelhinho do Movimento dos Pequenos Agricultores (MPA) mostrando qual é a cadeia de alimentos que apoiamos e queremos ver crescer.

Além disso, nada pode ser mais político que o nosso próprio consumo quando vivemos em um mundo onde o principal poder de uma pessoa é o financeiro. Enquanto pressionamos o Estado para criar alguma legislação radical contra as desigualdades e a destruição ambiental, podemos nos mobilizar através do capital. Não podemos mais apoiar e dar espaço a marcas contestáveis que visam apenas ao lucro.

Moda não pode ser só sobre roupas, tendências e faturamento; deve ser sobre pessoas, relações, coletividade, expressão e responsabilidade no mundo. E a política está em tudo isso. Política está em tu-do.

E, DE REPENTE, A PANDEMIA!

Durante o processo de escrita deste livro, nos vimos diante do maior desafio já enfrentado pela humanidade nos últimos tempos: a pandemia do coronavírus, que atingiu quase todos os países do mundo e virou nossa vida (em maior ou menor grau) de cabeça para baixo. Esse acontecimento nos trancou em casa, escancarou privilégios, descortinou a desigualdade social provocada pelo sistema, exaltou a solidariedade e nos fez entender nossa responsabilidade social diante do momento.

E como ficou a moda durante a pandemia? Segundo pesquisa divulgada pela Associação Brasileira da Indústria Têxtil e de Confecção (Abit), o mercado de moda teve uma queda de 90% nas vendas.[9] Alguns dos motivos são: primeiro, porque as lojas ficaram fechadas por um longo tempo; segundo, porque grandes eventos e feiras de apresentação e venda de novas coleções foram cancelados; e terceiro, porque

---

9 "Abit alerta para o risco no aumento de importações"Abit, 13 abr. 2020.
  Disponível em: <https://www.abit.org.br/noticias/abit-alerta-para-o-risco-no-
  -aumento-de-importacoes>.

ficou claro que roupa não é uma necessidade básica, mas sim um item supérfluo diante das necessidades atuais. Por que comprar roupa se não vamos a lugar nenhum?

Assistimos, então, marcas desesperadas para alavancar vendas promovendo descontos, queimas de estoque e lançamentos. Algumas tiveram a rapidez e sagacidade de focar roupas confortáveis, outras desenvolveram máscaras de tecidos tecnológicos antivirais e muitas se viram obrigadas a se adaptar ao universo on-line. Aquelas que mais me chamaram a atenção foram as que se preocuparam em fortalecer laços com sua rede de consumidores, criando diálogos, debatendo conteúdo político e cedendo seu espaço de privilégio para causas importantes.

Muito se fala, na mídia, sobre como aquecer o comércio durante a crise ou como fazer para que o mercado da moda se recupere no pós-pandemia (aqui, mais uma vez, com um toque de futurologia), mas não se discute a maneira como o elo mais fraco da indústria, o trabalhador, foi impactado e vai sobreviver daqui para a frente. Grande parte dessa categoria é terceirizada, não tem o amparo de leis trabalhistas e ganha pela quantidade de peças que produz — portanto, só recebe se trabalha.

A pandemia escancarou valores que a indústria da moda deve urgentemente priorizar, e talvez a ética seja o principal deles. Marcas precisam se posicionar, assumir responsabilidades e realizar ações concretas para diminuir a desigualdade social provocada pelo sistema. Estamos falando de uma cadeia de produção essencialmente humana, e a tecnologia, por mais avançada que seja, não consegue substituir o trabalho manual que essa produção exige.

Ainda estamos engatinhando nisso, e torço para que o mundo da moda enfim deixe de ser associado apenas a roupas, consumo e tendências. Moda é sobre comportamento e sociedade. É sobre expressão artística, política e social. A humanidade está atravessando um momento de profunda tristeza e injustiça, com mortos sendo reduzidos a números, economias em crise e desemprego nas alturas. E, como sociedade, já sofremos o bastante para saber qual lado da corda vai estourar se não houver nenhuma mudança. É preciso começar a agir diferente o quanto antes, ou então é melhor já ir preparando o vestido para o baile do fim do mundo.

4.
Precisamos mesmo de tantas roupas?

De acordo com um levantamento divulgado no documentário *The True Cost*, 80 bilhões de peças são produzidas por ano no mundo inteiro, 400% a mais do que há duas décadas. Dessas, 40% são descartadas após serem pouquíssimo usadas. Isso significa que a produção aumentou e, com ela, o nosso desejo de consumir. Mas será que precisamos mesmo de tantas peças novas?

Calma, antes de pensar que este livro é um apelo para nunca mais voltar a comprar roupas, deixo claro que acho quase impossível que a gente pare de consumir. Primeiro, porque estamos sujeitos a um sistema econômico capitalista, que gera desejos e novas necessidades com o intuito de vender mais produtos. Segundo, porque roupa é uma maneira de a gente se expressar e, não sei vocês, mas eu estou constantemente mudando o meu estilo. O problema é quando o consumo vira consumismo.

CONSUMO × CONSUMISMO

Todos nós, seres humanos, temos necessidades básicas —
alimentação, abrigo, roupas — que, no nosso sistema, são
atendidas através do consumo. Mas, quando compramos
muito mais do que precisamos, o consumo vira consumismo.
Adquirir coisas novas nos dá uma sensação temporária de
felicidade e sucesso. Para alguns, o prazer está no ato da
compra, para outros, na posse do objeto, mas em ambos os
casos estamos atrás de uma alegria momentânea. A gente
se vicia na sensação falsa de alívio e passa a comprar cada
vez mais, entrando em um círculo vicioso que alterna insa-
tisfação, ansiedade e prazer efêmero.

E cá estamos com o armário abarrotado de roupas, que
ainda parecem não ser suficientes. Já repararam em quantas
vezes a palavra "tendência" e suas derivadas aparecem na
mídia e nas redes sociais? "A tendência do momento", "a
peça-chave do inverno", "o sapato coringa que você *tem que
ter* no guarda-roupa", "o que não pode faltar na sua mala
de verão". Ficamos com a sensação de que a cada semana
surge algo novo de que precisamos para ser parte de algum
grupo ou estarmos completos.

As tendências são ditadas pelas marcas de luxo, acessíveis a pouquíssima gente, mas chegam para todos, através
das grandes cadeias de moda, que replicam com extrema
rapidez para lojas, por um preço acessível a uma parcela
considerável da população, o que é visto nas passarelas.

Mas, quando todo mundo usa a mesma roupa, acabamos ficando todos iguais, mesmo se tínhamos o objetivo de nos diferenciar. Para a nossa "sorte", em algumas semanas surge outra tendência para seguir: a peça que compramos há poucos meses se torna velha, não só porque está fora de moda, mas porque o tecido se desgastou. Como custou "baratinho", não nos importamos em jogar fora. Tchau, roupa velha! Oi, roupa nova! E o ciclo recomeça outra vez.

O CAPITALISMO ESTÁ DESTRUINDO O MUNDO

Precisamos mesmo de tantas roupas para sermos felizes? Não! Apesar disso, vivemos em um sistema que põe o lucro e a venda acima de tudo e de todos, gerando necessidades e desejos que nossos antepassados nunca sentiram. Micro-ondas, espremedores de limão e tablets não nos faziam falta até sermos apresentados a eles pela indústria. Acontece que a Terra não consegue suprir o crescimento ilimitado das necessidades de todos os seus habitantes, e, por isso, estamos presenciando o esgotamento dos recursos naturais e o colapso provocado pela mudança climática.

Se continuarmos produzindo e consumindo como fazemos hoje, a temperatura da Terra aumentará no mínimo

2°C até 2050.[10] Pode parecer pouco, mas é o suficiente para desencadear catástrofes ambientais, como o derretimento das calotas polares, a elevação do nível do mar e a escassez de comida.

Na prática, isso quer dizer que, em até três décadas, o aumento do nível do mar vai ocasionar a inundação de cidades inteiras, como Miami, Hong Kong, Xangai e outras espalhadas pelo mundo, obrigando a população a migrar. Segundo as estimativas do Banco Mundial, em 2050 teremos cerca de 140 milhões de refugiados procurando um novo lugar para morar.[11] Com o derretimento do gelo polar, a humanidade será exposta a uma infinidade de vírus que permaneceram incubados por milênios, contra os quais o nosso sistema imunológico não tem capacidade de nos proteger. Estaremos sujeitos a um verdadeiro caos.

Desde 1992, as Nações Unidas alertam para as mudanças climáticas, mas só agora estamos começando a entender que não dá mais para continuar vivendo como antes. Precisamos nos unir a fim de criar novos modelos de negócio e dar início a uma grande revolução global por um bem maior: a continuidade da vida humana na Terra.

O capitalismo está baseado em uma premissa problemática: para gerar mais dinheiro é necessário consumir mais recursos naturais. É fundamental que abandonemos essa visão de mundo, promovendo a preservação e regeneração da natureza ao invés da sua exploração e destruição. A boa notícia é que existem várias alternativas viáveis surgindo por

---

10 "IPCC faz alerta para a urgência de medidas de redução do ritmo das mudanças climáticas", Agência Fapesp 9 out. 2018. Disponível em: <https://agencia.fapesp.bripcc-faz-alerta-para-a-urgencia-de-medidas-de-reducao-do-ritmo-das-mudancas-climaticas/28899/>.

11 David Wallace-Wells, *A terra inabitável*. São Paulo: Companhia das Letras, 2019.

aí, como a economia circular e a economia compartilhada. Cabe a nós incorporá-las à nossa rotina.

Abandonar velhos hábitos não é fácil, mas provoca questionamentos profundos e nos aproxima da nossa essência. Dá trabalho adaptar nossa rotina para utilizar um meio de transporte mais sustentável, e pode parecer estranho optar pelo aluguel quando estamos tão acostumados a comprar tudo de que precisamos. Mas só essa inquietação nos levará a uma nova forma de estar no mundo.

Muitas vezes fui chamada de maluca por quem acredita que a extinção dos seres humanos está muito mais distante que o fim do capitalismo. Pois bem, estamos caminhando para onde mesmo?

Capitalismo verde

"Capitalismo verde" é uma expressão contraditória difundida pela mídia e por algumas empresas. Uma vez que a premissa desse sistema econômico é a obtenção de lucro — que só é possível com a exploração dos recursos naturais —, para que ele se tornasse "verde" seria necessário renunciar ao extrativismo e aceitar a diminuição das vendas, abrindo mão de parte do lucro em prol da natureza. Ou seja, haveria uma mudança radical que não permitiria mais chamá-lo de "capitalismo".

PARA ONDE VAMOS SE ABANDONARMOS O CAPITALISMO?

Ainda não sei, mas focar a pergunta é um bom começo. Por anos, demos respostas rápidas e rasas a questões profundas, e talvez tenha chegado a hora de olharmos para dentro, como indivíduos e sociedade, repensando o modo como queremos habitar este mundo.

O capitalismo destrói a natureza, mas também destrói a nossa humanidade — estamos nos tornando mais competitivos, individualistas e solitários. A rapidez da internet, dos avanços tecnológicos e do consumo desenfreado é a mesma com que vivemos nossas experiências pessoais e subjetivas, o que pode provocar sintomas crônicos de ansiedade e depressão. É preciso desenvolver um sistema que nos permita desacelerar, comprar menos e estar mais presentes.

Novas formas de viver e de gerar renda estão surgindo — muita gente já abraçou uma vida mais simples, outros compartilham coisas com amigos e familiares, marcas como a californiana Patagonia incentivam as pessoas a consertar suas roupas em vez de comprar outras peças, e o veganismo — a maneira mais eficaz de frearmos o desmatamento das florestas e o aquecimento global — ganha cada vez mais adeptos.

Não sei se vou estar aqui para presenciar os frutos dessa transformação, afinal, grandes revoluções levam décadas para acontecer, mas já vejo o início de uma era pós-capitalista vindo aí, seja ela qual for, com novos valores e práticas. Acredito muito que as futuras gerações serão mais conscientes e descobrirão uma maneira mais humana de viver neste planeta.

Enquanto não temos uma resposta, no próximo capítulo você vai encontrar algumas alternativas econômicas que estão mudando, e muito, a relação que as pessoas têm com o consumo.

5.
Roupa foi feita para circular

O descarte incorreto de roupas ainda é um dos nossos grandes desafios: existem poucas soluções para facilitar a circulação de peças que não estão mais em uso e que poderiam ter uma longa vida pela frente.

Às vezes esqueço de que vivo em uma bolha onde há um brechó em cada canto, então levo um choque de realidade quando deparo com dados como: "A cada segundo, um caminhão cheio de roupas é queimado no mundo"[12] ou "anualmente, são fabricados em torno de 80 bilhões de peças e 40% delas são pouco ou quase nunca usadas, indo parar em aterros no mesmo ano".[13]

---

12 Dados retirados do relatório "A New Textiles Economy: Redesigning Fashion's Future", lançado pela Ellen MacArthur Foundation, com o apoio da estilista Stella McCartney. Disponível em: <https://www.ellenmacarthurfoundation. org/publications/a-new-textiles-economy-redesigning-fashions-future>.
13 Esses dados foram divulgados no documentário *The True Cost*, lançado pela Netflix em 2015, que relata os impactos negativos da indústria da moda tanto no meio ambiente quanto na cadeia de trabalho e mão de obra.

Roupas descartadas de maneira incorreta podem ter três destinos: aterros sanitários, aterros controlados ou lixões. Saber o que diferencia esses espaços é importante para compreender o impacto do nosso lixo no meio ambiente. Nos aterros sanitários, o solo passa por um processo de nivelamento de terra e selagem com argila e com mantas de PVC, que o torna impermeável e próprio para acolher resíduos, agredindo menos o ecossistema. Já a base dos aterros controlados recebe uma cobertura, mas não é impermeabilizada, infligindo um dano maior à natureza — trata-se de uma categoria intermediária entre aterros sanitários e lixões.

Os lixões são depósitos a céu aberto. Neles, o descarte — residencial ou industrial — entra em contato direto com o solo e não recebe um tratamento adequado. Além de contaminar a água, a terra e o ar, o acúmulo de lixo propicia o surgimento de doenças como dengue, febre amarela, cólera, leptospirose, tétano, hepatite A, entre outras, que afetam as pessoas que trabalham e vivem no local — uma realidade desumana, mas comum quando falamos de um país com tanta desigualdade social.

No Brasil, 53% dos resíduos acabam em lixões,[14] ou seja, mais da metade do lixo produzido é descartado da pior maneira possível. Não se culpe caso seja a primeira vez que você escuta essa informação. Os lixões estão localizados em

14 Mais de 50% das cidades brasileiras descartam o lixo de modo incorreto", *Galileu*, 6 ago. 2018. Disponível em: <https://revistagalileu.globo.com/Ciencia/Meio-Ambiente/noticia/2018/08/mais-de-50-das-cidades-brasileiros-descartam-o-lixo-de-modo-incorreto.html>.

lugares estratégicos, longe dos centros urbanos, para dar a uma parte da população a falsa impressão de que o problema está resolvido a partir do momento que o lixo vai para fora de casa (que é, na verdade, quando o problema começa). Daí a importância de divulgar o movimento Lixo Zero. É claro que é muito difícil reduzir drasticamente a nossa produção de resíduos, mas qualquer esforço nesse sentido é uma enorme contribuição para preservar o meio ambiente, já que o tratamento em larga escala do lixo foge ao nosso controle.

Voltando às roupas: a maioria delas é composta de tecidos sintéticos, como o poliéster e o poliuretano, que levam em média 450 anos para se decompor — nesse processo, liberam gás de aterro, uma mistura tóxica de poluentes, sobretudo dióxido de carbono e metano, que contribui para o efeito estufa.

Estima-se que somente no Brasil sejam geradas 170 mil toneladas de resíduos têxteis por ano, das quais 80% vão parar em lixões e aterros.[15] Números assustadores, né? Mas existe uma luz no fim do túnel: dados mostram que 95% desses vestígios têm um potencial significativo de reaproveitamento,[16] ou seja, apenas 5% é lixo de fato. A maioria das peças descartadas tem a possibilidade de receber um encaminhamento correto ou de ser transformada em roupas novas, como acontece no modelo de economia circular, que veremos a seguir.

---

15 Dados da Abit.

16 Jennifer Fogaça, "Diferença entre lixão, aterro controlado e aterro sanitário", *Mundo educação*. Disponível em: <https://mundoeducacao.uol.com.br/-quimica/diferenca-entre-lixao-aterro-controlado-aterro-sanitario.htm>.

ECONOMIA CIRCULAR

A maior parte do sistema de produção atual está baseado em um modelo de economia linear, em que as coisas são produzidas, usadas e descartadas (um celular é lançado e nós abandonamos o antigo, a máquina de lavar estraga e compramos outra de imediato). Esse método é inviável, pois, além de não conseguir atender à alta demanda de consumo, provoca o esgotamento dos recursos naturais. Na economia circular, diferentemente da linear, as coisas são fabricadas, usadas e, quando descartadas, voltam à cadeia de produção — um processo muito parecido com o que ocorre na própria natureza. Confuso? Para facilitar o entendimento, observe este comparativo:

ECONOMIA LINEAR

EXTRAIR ·······› PRODUZIR ·······› USAR ·······› DESCARTAR

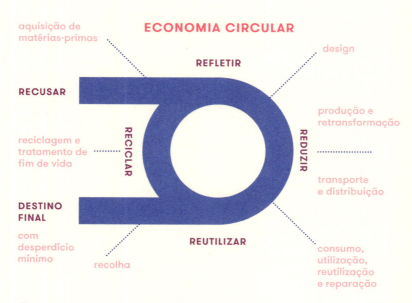

No ciclo natural da vida não existem aterros: as plantas e os animais crescem, se alimentam do que a natureza dá, morrem e se decompõem. A economia circular reproduz esse ciclo, mas tudo o que não é biodegradável, ou seja, que não pode voltar naturalmente para a terra, deve ser recuperado e reciclado.[17] Outro ponto que merece destaque na economia circular é que ela exige uma mudança não só na matéria-prima utilizada, mas também na recuperação de água e energia limpa.

A moda pode incorporar o modelo circular de várias formas: uma delas é fabricando roupas com tecidos de fibras naturais (falamos deles na página 27). Assim, depois de usadas, essas peças se reintegram ao ecossistema.

A reciclagem é uma das opções mais simples para roupas de tecidos que não são biodegradáveis. Um exemplo comum são os brechós e os mercados de peças de segunda mão: a revenda de itens que já estão prontos economiza água e insumos, por isso essa prática é muito valorizada na economia circular. O mesmo vale para negócios que possibilitam a troca, o aluguel e o compartilhamento de roupas — em todos os casos, o que está parado volta a ter valor de venda e uso.

Outra ferramenta da economia circular é o *upcycling*, que já foi comentado por aqui, mas, só para refrescar a memória, trata-se da criação de peças a partir da customização de outras já existentes. Usar tecidos descartados pela indústria para fabricar roupas também é uma ótima solução: se você

---

17 A Ellen MacArthur Foundation, entidade filantrópica cuja missão é acelerar a transição rumo a uma economia circular, divide esse modelo em dois ciclos: o biológico e o técnico. O primeiro é aquele em que os resíduos são naturalmente reincorporados à terra depois de descartados. O segundo se dá pela recuperação e reciclagem dos materiais que foram para o lixo.

tirar um tempinho para visitar fábricas e confecções de moda, vai notar rolos e mais rolos de tecido parados pelos cantos. Algumas marcas concebem novas coleções a partir dessas sobras, aplicando uma lógica inversa, em que primeiro obtêm o tecido e só então idealizam qual e quantas peças vão produzir a partir dele.

Sou muito otimista quanto às mudanças de paradigma nos meios de produção. Elas vão assegurar o desenvolvimento econômico, a melhoria das condições de trabalho dos empregados e a regeneração do capital ambiental. O investimento financeiro em inovação e tecnologia é muito importante: a indústria que enriqueceu através da exploração e do desmatamento é a mesma que precisa se responsabilizar pelo reparo dos problemas que causou, mesmo que seja necessário abrir mão de uma parte do lucro.

PARAR DE POLUIR NÃO BASTA, PRECISAMOS REGENERAR

As indústrias passaram anos pondo no mundo produtos que agrediam o meio ambiente. De repente, descobriram que as embalagens que usavam não eram uma boa ideia e decidiram substituir o material por um mais ecológico. A mudança de perspectiva é válida, mas como minimizar todo o dano já causado?

Em uma situação extrema como a nossa, ser sustentável não é o suficiente. Ao mesmo tempo que a produção deve continuar, o ecossistema precisa de ajuda para se recuperar. Como superar esse obstáculo? O desenvolvimento do design regenerativo é uma forte tendência que surgiu como resposta a essa pergunta e que já possibilitou algumas soluções interessantes — por exemplo, os óculos desen-

Obsolescência programada

Já notou quantas vezes as pessoas trocam de celular porque foi lançada uma versão mais moderna? Quando a impressora quebra, não fica mais barato comprar uma nova do que pagar o conserto da antiga? Pois é... O termo "obsolescência programada" surgiu em 1920, quando o então presidente da General Motors passou a atualizar anualmente o modelo e os acessórios de seus veículos, motivando os clientes a realizarem aquisições cada vez mais frequentes.

Hoje, muitas empresas desenvolvem produtos cuja durabilidade é menor do que a permitida pela tecnologia, tornando-os ultrapassados ou não funcionais depois de pouco tempo de uso. O intuito dessa prática é levar o consumidor a uma nova compra, fomentando o consumo (ou, na maioria das vezes, o consumismo).

Aliás, aí vai uma curiosidade: existe uma lâmpada, fabricada em 1901, que funciona até hoje![18] As nossas também poderiam durar bastante se não fosse o interesse das indústrias, alimentado pelo sistema capitalista, em gerar mais vendas.

18 A Lâmpada Centenária é tão famosa que entrou para o *Guinness World Records* e possui uma página no Facebook.

volvidos pela marca brasileira Zerezes a partir de canudos descartados e o náilon regenerado Econyl®, produzido pela italiana Aquafil, feito de redes de pesca retiradas do oceano e especialmente destinado à fabricação de biquínis.

Produtos regenerativos exigem pesquisa e investimento, entretanto, se o objetivo das marcas é continuar competitivas nesse novo mercado, acredito que esse seja o único caminho possível. É hora de os designers saírem da zona de conforto, mudando a forma como pensam e se relacionam com o planeta.

Além de preservarem o meio ambiente, culturas rege-
nerativas resguardam a biodiversidade para as futuras
gerações. A natureza pode, sim, sair vencedora nessa
história, basta que a gente dê um empurrãozinho!

ECONOMIA COMPARTILHADA

Essa prática também vem ganhando cada vez mais espaço
hoje em dia. Nela, prioriza-se o compartilhamento — seja
através do aluguel, da troca ou do empréstimo — em vez
da compra. A economia compartilhada (ou colaborativa)
permite que as pessoas mantenham o estilo de vida sem
precisar *ter* mais coisas, o que impacta positivamente não
só o bolso, como o meio ambiente. Diferentes setores já
adotaram o modelo — por exemplo, cobrando valores
acessíveis para que as pessoas possam optar pelo uso de
bicicletas e patinetes nas grandes cidades, ou disponibi-
lizando plataformas de streaming de músicas e vídeos a
uma taxa mensal, sem que seja preciso comprar CDs e DVDs.
A economia colaborativa se baseia em um novo jeito
de consumir, que substitui o paradigma da posse do bem
pelo usufruto do serviço, ou seja, o consumidor paga pelo
benefício do produto e não pelo produto em si. Não precisamos ocupar espaço no armário com uma furadeira que
usamos de vez em nunca: o essencial é a função que ela
exerce, então existem sites que conectam vizinhos com
o intuito de trocar e emprestar itens como ferramentas.
Na moda, o compartilhamento já acontece de diversas
formas, desde eventos e projetos para a troca de roupas
até bibliotecas de peças que você pode alugar a um valor
mensal para criar looks infinitos sem precisar fazer compras.

Esse movimento é feito por pessoas, mas ganha força com a internet, permitindo que nos conectemos através das redes, sem depender de empresas e associações para construir uma ponte entre nós. A economia compartilhada, além de mudar o modo como entendemos oferta e demanda de bens materiais, está transformando as nossas relações pessoais.

É como se a tecnologia, que havia nos isolado, estivesse nos reaproximando outra vez, porém, agora podemos criar laços em escala global. Ter uma boa reputação volta a ser importante, os valores mudam, e, nessa jornada, conhecer pessoas torna tudo ainda melhor.

6.
Ética e transparência vieram para ficar

Até um tempo atrás, as empresas eram verdadeiras caixas-pretas — sabíamos pouco ou nada sobre o que de fato acontecia lá dentro. Acreditávamos nos discursos de marketing sem muitos questionamentos, mas, com a chegada da geração Y ao mercado consumidor, a relação entre pessoas e marcas mudou completamente.

Os *millennials*, como são conhecidos, estão conectados 24 horas por dia, têm acesso a todas as informações de que precisam na palma das mãos e, o mais importante, preferem investir seu dinheiro em marcas com propósito. Sendo assim, em vez de tentarem se camuflar, as empresas têm adotado paredes de vidro e, graças à conectividade e às interações nas redes, passamos a saber de tudo o que acontece nos bastidores, incluindo os processos e as condições de trabalho dos funcionários.

A ética e a transparência, dois valores que até então não eram prioridade no mercado, agora andam de mãos dadas com a estética. Marcas éticas valorizam a comunidade envolvida na produção de suas roupas, e marcas transparentes nos contam, de maneira clara e simples, sobre todo o processo de fabricação e venda de suas peças através das redes sociais, do site oficial e até mesmo da etiqueta do produto.

Antes nos contentávamos em verificar o "made in" da etiqueta, mas hoje queremos saber não só o país de origem da peça, mas quem a fez, em que condições, quais materiais foram utilizados, onde a fibra do tecido foi cultivada e por aí vai. Quanto mais informações a marca nos der sobre a produção, as práticas adotadas e a matéria-prima, mais satisfeitos e confiantes ficaremos como clientes e melhor se tornará o nosso relacionamento com ela.

Mas pôr esses valores em prática nem sempre é uma tarefa fácil — muitas vezes as empresas mostram apenas o que convém, exaltando uma "transparência bonita" e escondendo as partes não tão éticas assim: quem não lembra do escândalo envolvendo uma marca carioca moderninha que, embora pusesse na etiqueta de cada peça a foto da costureira responsável pela confecção, foi denunciada pelos funcionários por racismo, gordofobia e assédio moral?

A lição que fica é que mentira tem perna curta. Quando uma marca firma um compromisso com a ética e a transparência, deve levá-lo a sério, mesmo que não esteja 100% "apresentável" — a vulnerabilidade humaniza, além de ajudar a construir vínculos mais fortes e duradouros com os consumidores.

COMO SABER SE UMA MARCA É MESMO TRANSPARENTE?

Existem algumas ferramentas que nos ajudam a descobrir quanto uma marca é, de fato, transparente. Uma delas é o relatório "Índice de Transparência da Moda Brasil",[19] baseado em uma metodologia desenvolvida pelo movimento global Fashion Revolution. A equipe brasileira, liderada por Eloisa Artuso e Fernanda Simon, estudou informações divulgadas por trinta grandes marcas e varejistas que operam no país, classificando-as de acordo com a quantidade de informações disponíveis sobre práticas socioambientais, rastreabilidade, condições de trabalho, presença de funcionárias mulheres, entre outros pontos.

Outro meio de saber o nível de transparência de uma marca é o aplicativo Moda Livre, idealizado por Leonardo Sakamoto e pela ONG Repórter Brasil, em parceria com o Fashion Revolution. A ferramenta monitora a relação com a mão de obra de mais de cem marcas e varejistas, avaliando suas ações a fim de evitar condições análogas à escravidão na produção das roupas.

A rastreabilidade através da tecnologia *blockchain*, conhecida como "protocolo de confiança", ainda é novidade, mas trata-se de uma potencial aliada para ajudar as marcas a agirem com transparência. Já imaginou ter acesso a todas as informações de produção de uma peça ao escanear o código (QR code) da etiqueta com o celular? Pode até soar utópico, mas está acontecendo! A empresa inglesa A Transparent Company surgiu com o objetivo de disponibilizar esse serviço

---

19 "Índice de Transparência da Moda Brasil 2019", Fashion Revolution, 2019. Disponível em: <https://issuu.com/fashionrevolution/docs/fr_indicedetranparenciadamodabrasil_2019>.

— com um clique, vamos poder verificar notas fiscais de fornecedores, imagens da fazenda em que o tecido foi plantado, dados sobre a fábrica onde a peça foi costurada, depoimentos dos trabalhadores e milhares de outras informações. Por último, a ferramenta de pesquisa mais democrática do mundo: o boca a boca. As empresas estão cada vez mais acessíveis e próximas de seus consumidores — não tenha vergonha de questionar os vendedores e os donos, até mesmo nas redes sociais. Uma marca que preza a transparência responderá de forma clara e rápida. Também podemos usar a hashtag #QuemFezMinhasRoupas, criada pelo Fashion Revolution após a tragédia do edifício Rana Plaza, em 2013. A hashtag ganhou destaque em mais de noventa países, mas é no Brasil que ela aparece com mais relevância nas redes sociais (que orgulho!). Seguimos lutando por uma cadeia de produção mais transparente e justa.

O CONTO DO *GREENWASHING*

Foi-se o tempo em que sustentabilidade era uma pauta distante, voltada para um mercado específico de clientes seletos. Hoje, abordar esse assunto é essencial para que uma empresa se mantenha relevante no mercado — colaborar com a preservação do meio ambiente e com a inclusão social vende, e, em um modelo econômico movido pelo lucro, é cada vez mais comum que as marcas enalteçam um ou outro atributo sustentável que possuam para fomentar as vendas.

Mas a sustentabilidade só é efetiva se estiver presente em vários pontos da cadeia de produção e de venda. O problema é que, como essa palavrinha mágica se tornou tendência, o que não falta são marcas se autoproclamando "sustentáveis"

O mercado de moda na era da transparência

Nos últimos anos, estão vindo à tona cada vez mais relatos de abusos, como assédio moral, longas jornadas de trabalho sem pagamento de hora extra, falta de comissão, racismo, gordofobia, homofobia e direitos trabalhistas negados.

Imaginem a quantidade de mulheres que estão submetidas a um ambiente de trabalho hostil e impróprio, e que mesmo com todos esses traumas psicológicos precisam ter coragem e força para fazer essas denúncias. Afinal de contas, elas estão sozinhas contra o sistema.

Quando começam a surgir essas denúncias, as pessoas nas redes sociais se mobilizam para dar suporte e segurança para que outras denúncias possam surgir. Todo esse movimento só acontece porque essas mulheres não se sentem mais sozinhas, ameaçadas e desamparadas. Elas estão sendo ouvidas e têm a força da própria voz para lutar contra um regime opressor.

Infelizmente os casos de abuso são uma realidade de grande parte do mercado de moda brasileiro, e por isso é tão importante a atitude dessas mulheres de expor a verdade. Cabe a nós ampliar essas denúncias se quisermos ver um mercado mais justo e ético.

mesmo que na realidade não estejam tão preocupadas em reduzir seus impactos no planeta e se responsabilizar por seus funcionários.

O termo *greenwashing* ("maquiagem verde" ou "lavagem verde") é usado para se referir a empresas que, visando criar uma imagem positiva perante os consumidores, inserem um discurso ecologicamente correto em sua estratégia de comunicação, porém não tomam medidas sérias para minimizar problemas ambientais e sociais.

Isso acontece mais do que imaginamos: sabe aquela marca que lançou uma única coleção de camisetas com tecido reciclado de garrafas PET e se intitulou "eco-friendly"? Ou aquela outra que aparece na mídia falando sobre a importância da inclusão social dentro do seu negócio, mas só promoveu uma ação avulsa com artesãs rendeiras? Ou mesmo os hotéis "ecológicos" cuja única medida é pedir aos hóspedes para recusarem as toalhas? É tudo fachada.

Há também muitas marcas que se dizem sustentáveis por usarem couro vegano em suas confecções — na maioria das vezes, trata-se de um tecido sintético de plástico que possui uma durabilidade péssima e demora centenas de anos para se decompor. Couro vegano até existe e pode ser produzido através de diversos materiais, como fibra de abacaxi, folha de bananeira, casca de árvore, látex ou até fibra de celulose de kombucha, mas pouquíssimas marcas se propõem a investir nessa iniciativa.

Outra situação comum é encontrarmos por aí marcas que se descrevem como slow fashion (conceito oposto ao fast fashion), ou seja, que afirmam prezar por uma fabricação com baixo impacto ambiental, utilizando produtos naturais e técnicas artesanais, além de valorizar seus empregados e colaboradores. Na maioria das vezes, as marcas que se autodenominam slow não passam de marcas pequenas, sem capital suficiente para uma produção em larga escala, mas pouco se preocupam com a mão de obra ou com os tecidos utilizados.

Já deu para perceber que o *greenwashing* nem sempre é explícito, né? Algumas empresas são capazes de disfarçar muito bem e, às vezes, passam despercebidas. Então, como saber se a marca de que compramos não está nos passando a perna? Aí vão cinco dicas para ajudar você a não cair mais nesse conto e distinguir quando o discurso de uma empresa é falso:

1. Não julgue pela aparência

A identidade visual de uma marca é uma grande isca. Embalagens verdes com imagens de folhas, árvores e animais felizes podem nos passar uma falsa impressão, portanto atente para não se apaixonar pelo que vê e se esquecer de pesquisar.

2. Não caia no blá-blá-blá

"Eco-friendly", "vegano", "slow fashion" e "natural" são algumas das palavras utilizadas como chamariz para vender mais. O ideal é que elas venham com informações de apoio, como um QR code que dê acesso ao discurso da empresa, a uma explicação mais detalhada sobre quem são as pessoas envolvidas na produção ou a dados dos impactos reduzidos por suas práticas de cunho sustentável. Se por acaso a palavra estiver sendo usada de forma aleatória, sem qualquer outra referência, pode ter certeza de que se trata de *greenwashing*.

3. Desconfie de tudo que é "demais"

Como eu disse no início do capítulo, sustentabilidade vende. Por isso, se uma marca enfatiza demais um único atributo sustentável, atente-se! A sustentabilidade deve ser parte da missão da empresa, não do marketing, e estar presente em toda a cadeia de produção, não em uma etapa pontual.

4. Busque informações consistentes

Questione, e se a resposta não for rápida, consistente e simples, desconfie! As empresas devem ser transparentes a respeito de como, onde e por quem suas roupas são fabricadas. Se essas informações não estiverem disponíveis no site oficial ou nas etiquetas das peças, recorra às redes sociais — as marcas estão mais acessíveis do que nunca! —, ao serviço de atendimento ao consumidor via telefone ou pergunte diretamente ao vendedor. Marcas éticas não têm medo de dizer a verdade, e rápido.

5. Dá um selinho aí!

Procure selos de certificação nas embalagens e nas etiquetas — marcas sustentáveis adquirem selos de agências especializadas para comprovar suas práticas. Eu já virei a louca dos selos. Procuro por eles em tudo que compro — já entro no mercado buscando a cor verde do selo "Produto Orgânico Brasil".

Na moda, tenho me guiado pelo selo do Sistema B, organização global que tem como missão reconhecer empresas que incluem a sustentabilidade em todos os pontos possíveis de sua cadeia. Infelizmente, menos de quinhentas empresas no Brasil conseguiram esse selo, devido ao seu rígido critério de aprovação, mas dou prioridade a elas quando preciso de um produto.

Devido ao modelo de negócio, produção e consumo do capitalismo contemporâneo, é impossível que uma empresa seja 100% sustentável. Apesar disso, mudanças significativas na nossa visão de mundo enquanto sociedade ocorrem quando as companhias se esforçam para minimizar os impactos ambientais e as injustiças sociais no seu funcionamento, que engloba desde a contratação de pessoas até a venda e o descarte dos produtos. Por isso, marcas que disponibilizam recursos e pesquisas e investem na busca por um mundo melhor merecem o nosso reconhecimento. Apoiemos!

Os selos Eco-Age e Eu Reciclo também são bons guias para apoiarmos marcas que se preocupam com questões ambientais. Mas vale frisar: só o selo não é suficiente; para que sejam de fato sustentáveis, as empresas precisam dar atenção também a outros pilares.

7.
Questionando o nosso consumo

A sustentabilidade transforma a nossa visão de mundo. Quanto mais a praticamos, mais nos tornamos críticos e questionadores do nosso consumo: compreendemos que fomos manipulados durante muito tempo pela tríade formada por indústria, marketing e mídia, sendo tratados como consumidores, não como seres humanos. Na dinâmica do mercado, o que interessa são os números, que devem se multiplicar, mesmo que para isso seja necessário prejudicar a nossa saúde e a da natureza.

Nos últimos anos, houve uma grande virada de opinião em relação à nossa alimentação. Quando eu era criança, não havia restrições ao consumo de alimentos ultraprocessados, como salgadinhos, achocolatados, bolachas recheadas, macarrões instantâneos e lasanhas congeladas. A gente não tinha o costume de ler o rótulo das embalagens e não se preocupava com as quantidades alarmantes ingeridas de gordura hidrogenada, amido modificado, sódio, corantes, aromatizantes e outras substâncias sintetizadas em laboratório, derivadas do petróleo e do carvão.

Vivíamos em uma praticidade perfeita demais para ser questionada. Por que "perder tempo" na cozinha preparando refeições quando podíamos comprar tudo pronto? Se as propagandas de TV mostravam famílias felizes pondo uma lasanha congelada no micro-ondas, deveria ser assim também na vida real.

Quando a população passou a substituir quase todos os alimentos in natura por ultraprocessados, a realidade veio à tona: obesidade, desnutrição, cânceres e uma série de doenças sanguíneas e cardíacas começaram a se proliferar. Só então percebemos as consequências daquela "praticidade", sem contar os danos ambientais causados pelas embalagens de plástico.

Na ocasião em que assisti a *Muito além do peso*, documentário sobre a obesidade infantil no Brasil,[20] fiquei chocada com o fato de a maioria das crianças entrevistadas não saber identificar legumes comuns, como berinjela, beterraba e abobrinha, simplesmente por nunca os terem visto. Mas por que estou falando tudo isso? Porque o mesmo acontece com as roupas, e é por isso que devemos nos preocupar com a sua procedência. Os materiais que as compõem estão diretamente ligados às mudanças climáticas, à produção de resíduos, à escassez de água e ao uso inadequado de recursos

---

20 O documentário *Muito além do peso*, patrocinado pelo Instituto Alana e produzido pela Maria Farinha Filmes, está disponível gratuitamente na internet e debate a qualidade da alimentação das crianças e os efeitos colaterais da publicidade feita pela indústria alimentícia.

não renováveis. Quando se trata do quinto mercado mais poluente do mundo, responsável por 5% das emissões de carbono,[21] conhecer a matéria-prima utilizada na confecção das roupas que escolhemos vestir é essencial para uma mudança de perspectiva.

Ao comprar uma peça, costumamos nos preocupar mais com o toque e a modelagem do que com o tecido utilizado. Na verdade, se compararmos nosso conhecimento sobre tecidos com o das crianças do documentário *Muito além do peso* sobre legumes, vamos perceber que a maioria de nós também não sabe distinguir tipos de tecidos bastante comuns.

A produção em massa nos distanciou do processo de confecção das roupas, que ficou sob responsabilidade exclusiva da indústria, e, uma vez que nos alienamos e não questionamos, ela aplica a mesma lógica do sistema, que é nos entregar fibras ruins e tecidos de baixa qualidade com o objetivo de lucrar mais.

Para quebrar esse ciclo, conhecer as fibras que compõem os tecidos nos dá autonomia para fazer as melhores escolhas, tanto para nosso armário quanto para o meio ambiente. Vamos mergulhar nesse mundo?

---

21 Renato Cunha, "A moda é a quinta indústria mais poluente do mundo, igual a pecuária", Stylo Urbano, 17 nov. 2017. Disponível em: <https://www.stylourbano.com br/a-moda-e-a-5o-industria-mais--poluente-do-mundo -igual-a-pecuaria/>.

ENTENDENDO OS TECIDOS

A matéria-prima de todo tecido são as fibras têxteis, que as empresas de engenharia têxtil transformam em fios através do processo de fiação. A menos que você seja designer, estilista ou comprador de moda, não precisa se aprofundar nesse assunto,[22] mas é nossa responsabilidade conhecer os impactos das diferentes variedades de fibra.

Existem dois tipos de fibra têxtil: as naturais e as manufaturadas. As primeiras são de origem vegetal (algodão, linho, cânhamo, juta, rami ou bambu natural), animal (lã e seda) ou mineral (amianto). Já as manufaturadas podem ser de polímeros naturais (viscose e liocel) ou de polímeros sintéticos derivados do petróleo (poliuretano, poliéster, poliamida, polietileno, elastano, polipropileno e acrílico).

As fibras naturais, como o próprio nome já diz, são fornecidas pela natureza sem que seja necessária nenhuma intervenção química e, portanto, são biodegradáveis — se decompõem relativamente rápido e não causam danos ao meio ambiente, acompanhando o ciclo perfeito da natureza, em que tudo nasce, cresce, morre e se decompõe, tornando-se adubo.

---

22 Cito os designers pois vejo esses profissionais cada vez mais preocupados em escolher um tecido que atenderá as suas necessidades estéticas, sem conhecer a fundo os impactos de produção das fibras que o compõem. Essa etapa fica por conta dos engenheiros têxteis, que muitas vezes não se empenham em reduzir os danos ambientais causados pelo processo. Sendo assim, os designers, enquanto compradores, devem agir como catalisadores de mudança, exigindo a adoção de práticas de produção mais sustentáveis.

FIBRAS TÊXTEIS	**NATURAIS**	**ANIMAIS**	**DE SECREÇÕES GLANDULARES:** seda. **DE PELOS:** lã.* **DE PELOS:** alpaca, cabra angorá (mohair), lhama, entre outros.
		VEGETAIS	**DE FOLHAS:** sisal. **DE SEMENTES:** algodão. **DE FRUTOS:** coco. **DE CAULES:** linho, rami, juta e cânhamo.
	NÃO NATURAIS	**ARTIFICIAIS**	**REGENERADAS:** viscose, cupramônio, alginato e caseína (proveniente do milho, da soja e do amendoim). **MODIFiCADAS:** acetato e triacetato.
		SINTÉTICAS	poliéster, poliamida, acrílica, polietileno, polipropileno, poliuretano (elastano) e polivinílica.

*A diferença da lã para os outros tipos de pelo está na espessura: se for menor que setenta micrômetros é lã, e se for maior, é pelo.

As fibras manufaturadas a partir da celulose das árvores, como a viscose e o liocel, embora sejam obtidas por meio de processos artificiais, também voltam para a natureza depois de descartadas. Todas elas são renováveis, ou seja, crescem outra vez desde que a exploração não interrompa o tempo necessário para sua regeneração.

Já as fibras manufaturadas sintéticas, derivadas de minerais e do petróleo, não são biodegradáveis nem renováveis — seu descarte não se reintegra ao ecossistema, gerando desequilíbrio. Atualmente, a maioria das nossas roupas é feita de tecidos sintéticos.

A partir dessa pequena análise, fica claro que usar fibras naturais é o mais aconselhável para não agredir o meio ambiente, certo? Errado. Como passamos muito tempo consumindo de maneira irresponsável, nem tudo se resolve fácil assim. Por isso, acho que vale a pena entender melhor o que está por trás da produção e qual é o real nível de sustentabilidade das fibras mais comuns.

Precisamos falar sobre o algodão

Vamos começar pela fibra mais difundida na confecção de roupas: o algodão. Puro ou combinado a outros tipos de fibra, ele compõe a maioria das peças que temos em casa, das calcinhas aos lençóis, estando presente em 40% do vestuário feminino e 70% do masculino do mercado brasileiro de moda.[23]

Em 2019, o Brasil se tornou o segundo maior exportador de algodão do mundo, ficando atrás apenas dos Estados Unidos.[24] Além de trazer um enorme retorno financeiro para o país, trata-se de uma fibra natural e biodegradável, que leva em média cinco meses para se decompor, portanto, saudemos o algodão, certo? Hum, nem tanto. A situação é mais complexa do que parece e envolve questões profundas sobre a sustentabilidade dentro da indústria têxtil. Para entender melhor tudo isso, vamos falar mais sobre os três tipos de algodão produzidos atualmente: o convencional, o mais sustentável e o orgânico.

Algodão convencional

Apesar de ser uma fibra natural e biodegradável, o algodão convencional é um verdadeiro pesadelo para a sustentabilidade do planeta — a começar por seu processo de produção extremamente poluente. Além disso, como você já sabe, para produzir uma única camiseta de algodão gastam-se quase 3 mil litros de água, desde o cultivo da planta até o tingimento químico das peças.

A indústria do algodão também é cruel com seus trabalhadores. Por se tratar de uma matéria-prima para a fabricação de produtos não alimentícios, não existem leis

---

23 Dados da Associação Brasileira dos Produtores de Algodão (Abrapa).

24 Eliane Silva, "Brasil passa Índia e é segundo maior exportador de algodão; transporte é desafio", *UOL Economia*, 19 maio 2019. Disponível em: <https://economia.uol.com.br/noticias/redacao/2019/05/19/agronegocio--brasil-segundo-lugar-exportacoes-algodao.htm>.

que regulem a aplicação de agrotóxicos e pesticidas durante o plantio, assim o uso descomedido desses compostos prejudica não só o meio ambiente como a saúde dos funcionários. Todos os anos, cerca de 250 mil trabalhadores adoecem nas lavouras de algodão devido ao contato com substâncias químicas.[25]

Algodão mais sustentável

Numa categoria intermediária, temos o que a indústria chama de algodão "mais sustentável", cuja produção gasta 30% menos água que o convencional e possui regulamentação sobre o uso de agrotóxicos e pesticidas, resguardando a saúde dos trabalhadores.

Hoje, o Brasil é o principal fabricante de algodão mais sustentável, e seus produtores se diferenciam graças ao certificado Algodão Brasileiro Sustentável (ABR), que atua em conjunto com o licenciamento Better Cotton Initiative (BCI). Os cotonicultores têm interesse nesses selos não só para comprovar que agem de forma ética, mas para garantir seu potencial competitivo no mercado, já que as marcas procuram, cada vez mais, comprar de fornecedores responsáveis.

Mas há opiniões divergentes quanto ao real motivo da disseminação do algodão mais sustentável, e meu papel é apresentá-las para que você tire suas próprias conclusões:

O desenvolvimento e o fomento do algodão mais sustentável é liderado pela Associação Brasileira dos Produtores de Algodão (Abrapa). A questão é que a Abrapa está ligada à bancada ruralista e é a favor de leis que flexibilizam o uso de agrotóxicos, como o Projeto de Lei 6.299/02, conhecido como "PL do veneno". Além disso, essa associação concentra a maior parte do investimento em tecnologia e,

---

25 "Algodão orgânico: o que é e suas vantagens", *UNIVASF*, 18 fev. 2019. Disponível em: <https://portais.univasf.edu.br/sustentabilidade/noticias--sustentaveis/algodao-organico-o-que-e-e-suas-vantagens>.

por incentivar o uso do algodão mais sustentável, acaba atrapalhando a disseminação do algodão orgânico como um caminho possível.

Por outro lado, a produção de algodão orgânico ainda é insuficiente para suprir a demanda do mercado, assim, o algodão mais sustentável surge como uma medida paliativa para os estragos provocados por nosso uso desenfreado do algodão convencional ao longo de várias décadas.

Algodão orgânico

Na outra ponta, temos o algodão orgânico, a opção de fato mais sustentável, pois sua produção não envolve nenhum tipo de agrotóxico ou pesticida e se dá no sistema de rotação de culturas, preservando o solo. Se compararmos ao cultivo do algodão convencional, há uma redução no consumo de água, na emissão de gases tóxicos, nos processos de acidificação e no gasto de energia.

Trata-se de um combo de benefícios — para o ecossistema, para os trabalhadores e para nós, que, além de vivermos em um planeta mais saudável, podemos vestir um tecido livre de químicas e com uma textura agradável à pele, a solução ideal para continuarmos consumindo roupas de algodão.

No Brasil, entre 2017 e 2018, o número de agricultores orgânicos aumentou de 232 para 308.[26] A maioria desse plantio é administrada pelo Movimento dos Trabalhadores Rurais Sem Terra (MST),[27] líder nacional na produção de alimentos orgânicos e o maior exportador de arroz orgânico

---

26 Iara Vidal, "Cultivo de algodão orgânico cresce no Brasil, mas ainda é pouco", Consumoconsciente.blog, 4 maio 2019. Disponível em: <https://consumoconsciente.blog/2019/04/05/cultivo-de-algodao-organico-cresce-no-brasil-mas-ainda-e-pouco/>.

27 "Algodão orgânico no Brasil: MST, agroecologia e justiça social", Modefica, 23 jul. 2019. Disponível em: <https://www.modefica.com.br/algodao--organico-mst-justica-social/#.XxUTeChKjlU>.

da América Latina.[28] Se você não conhece o trabalho do MST, vale a pena pesquisar!

A plantação de algodão orgânico vem crescendo no exterior, mas aqui ainda passa despercebida, representando menos de 0,1% da produção nacional de algodão,[29] o que a torna inviável para suprir a demanda do mercado. Esse cenário só apresentará melhorias quando o governo flexibilizar as leis de incentivo e a indústria da moda passar a comprar dos pequenos produtores orgânicos.

O que acho disso tudo

Reconheço o avanço e o investimento feitos pela Abrapa para melhorar o cenário de destruição em que se encontra a produção de algodão no país. Mas, se fosse criar uma marca própria, escolheria comprar de fornecedores de algodão orgânico, porque, além de escolher a opção mais sustentável para o meio ambiente, estaria fomentando a agricultura familiar e incentivando o crescimento desse mercado. Enquanto consumidora, também opto pelo algodão orgânico nacional e, caso não seja possível, prefiro o algodão com selo BCI.

28 Paula Sperb, "Como o MST se tornou o maior produtor de arroz orgânico da América Latina", BBC News Brasil, 7 maio 2017. Disponível em: <https://www.bbc.com/portuguese/brasil-39775504>.

29 "Incentivo ao algodão sustentável", Instituto C&A. Disponível em: <https://annualreport.candafoundation.org/relatorio_anual_2017/sustainable_cotton>.

Linho (supersustentável)

Considerado um tecido supersustentável, que reúne conforto, versatilidade e durabilidade, o linho é cada vez mais difundido no mercado têxtil. Essa fibra é proveniente da cana do linho, uma planta que pode atingir até um metro de altura. Do plantio ao acabamento do tecido, os impactos ambientais são mínimos: o cultivo requer até vinte vezes menos água que o algodão e quantidades baixíssimas de fertilizante, não agredindo o solo e podendo ser feito conforme o ciclo de rotação de culturas. Além disso, todos os resíduos da produção são reaproveitados por outras indústrias.

O linho é um tecido bem leve e com toque agradável, perfeito para dias quentes e climas tropicais. A questão é que ele ainda não é muito comercializado, o que eleva seu preço. A boa notícia é que vejo cada vez mais marcas o incluindo em suas coleções. Quem sabe com o aumento da produção, o valor desse tecido não fique um pouco mais acessível?

Cânhamo (supersustentável)

Trata-se de uma matéria-prima ambientalmente responsável, 100% renovável e de fácil cultivo. O cânhamo é muito mais sustentável que o algodão: gasta até 50% menos de água para ser produzido e seu plantio dispensa pesticidas, além de possuir fibras mais longas, cinco vezes mais resistentes que a do algodão, que dão origem a roupas de maior durabilidade. Resumindo, o tecido de cânhamo é o futuro do segmento têxtil — o substituto perfeito para o algodão convencional e o poliéster.

Estima-se que até 2025 o mercado de cânhamo vai movimentar cerca de 10 bilhões de dólares.[30] De olho nesses números, os

---

30 Ricardo Amorim, "Depois da 'Cannabis' medicinal, é a vez do cânhamo entrar em pauta", *Veja*, 20 set. 2019. Disponível em: <https://veja.abril.com.br/blog/cannabiz/depois-da-cannabis-medicinal-e-a-vez-do-canhamo-entrar-em-pauta/>.

Estados Unidos, a União Europeia e a China regulamentaram suas leis para a produção da planta. Mas por que o Brasil continua proibindo o cultivo de cânhamo?

Primeiro, porque privilegia o interesse da indústria. Somos o país que mais produz e consome agrotóxicos no mundo, portanto cultivos que não necessitem desses compostos químicos não são economicamente vantajosos. Segundo, porque muita gente desinformada e preconceituosa ainda confunde cânhamo com maconha — ambas são plantas do gênero *Cannabis*, mas o primeiro possui um nível de THC, substância psicoativa, inferior a 0,3%, o que o torna incapaz de causar qualquer alteração mental ou corporal.

No Brasil, já se discute sobre a legalização da *Cannabis* para fins medicinais, mas pouco se fala sobre a regulamentação do uso da fibra de cânhamo no mercado têxtil. Movimentos que abraçaram essa luta, como a #CânhamoSim e o projeto Ano 4020, ainda são pequenos e tímidos, mas poderiam ganhar mais força se a indústria da moda entrasse pra valer (e com consciência) nessa luta.

Seda (sustentável)

A cultura da seda — tecido duradouro, resistente e biodegradável — existe há mais de 5 milhões de anos. A protagonista dessa história milenar é uma lagarta conhecida como bicho-da-seda (*Bombyx mori*), que produz o tecido a partir da água e das proteínas presentes nas próprias glândulas salivares. A natureza não é extraordinária?

Os bichos-da-seda se alimentam de amoreiras e, para gerar o tecido, precisam de uma dieta totalmente orgânica. Agrotóxicos e pesticidas podem matá-los; assim, a cadeia produtiva da seda deve ser livre dessas substâncias, o que preserva o meio ambiente.

Mas, quando essa produção está inserida em um sistema mercadológico que tem como único objetivo obter lucro cada vez mais rápido, surgem problemas: muitos ambientalistas argumentam que a produção de seda implica crueldade e abreviação da vida da lagarta *Bombyx mori*, que não chega sequer a completar a metamorfose e morre antes de deixar a pupa.

Assim, é importante que as marcas conheçam a fundo o trabalho dos seus fornecedores e se certifiquem de que estão comprando uma seda produzida por lagartas livres e bem tratadas. E quanto a nós, consumidores, fica o papel de comprar de marcas transparentes ou de dar preferência aos brechós, garimpando peças já foram produzidas.

Liocel e modal (sustentáveis)

O liocel, considerado a nova viscose, representa um grande avanço da indústria da moda. Natural e biodegradável, esse tecido é feito da fibra da madeira de eucalipto — processo que não envolve substâncias tóxicas e que gasta até 50% menos de água que a produção de algodão convencional. Além disso, 99% dos solventes aplicados podem ser reutilizados várias vezes.[31]

Tecidos compostos de liocel permitem à pele respirar melhor, pegam menos odores e, por isso, demandam menos lavagens, aumentando ainda mais a alta durabilidade das peças, que permanecem conservadas durante anos.

O modal é semelhante ao liocel: suas fibras também são fabricadas a partir da madeira, no entanto ele possui a vantagem de os produtos químicos usados em sua produção estarem livres de solventes nocivos ao ecossistema.

---

31 Thaís Varela, "Conheça dez tipos de tecidos biodegradáveis e entenda por que eles são o futuro da moda", *Glamour*, 29 ago. 2019. Disponível em: <https://revistaglamour.globo.com/Glamour-Apresenta/noticia/2019/08/ conheca-10-tipos-de-tecidos-biodegradaveis-e-entenda-por-que-eles-sao-o- -futuro-da-moda.html>.

Lã (sustentável, *pero no mucho*)

Derivada do pelo de ovelha, essa fibra natural é industrializada e transformada no fio de lã, que é biodegradável e tem um crescimento natural. Tudo lindo até aqui, né? Mas investigações da PETA, uma das maiores ONGs do mundo dedicadas à defesa dos direitos dos animais, revelaram maus-tratos praticados no processo de tosquia, mesmo por empresas que se dizem sustentáveis — como é o caso da Ovis 21, fornecedora de lã das principais marcas de sustentabilidade do mercado, como a Stella McCartney e a Patagonia.[32]

Apesar de a tosquia não trazer nenhum tipo de benefício às ovelhas, essa prática existe há muitos séculos, desde quando começamos a usar a lã para nos agasalhar. Mas, com o crescimento da demanda, as ovelhas passaram a ser tratadas como máquinas geradoras de matéria-prima.

Os funcionários que cuidam da tosquia normalmente são pagos de acordo com o volume de lã que produzem; assim, tentam fazer o trabalho no menor tempo possível e acabam machucando os animais com cortes na pele, nas orelhas e até nas mamas. Maus-tratos intencionais também são recorrentes, como mostram vídeos da PETA em que ovelhas aparecem sendo chutadas e espancadas.

Nenhum animal deveria sofrer para que nós andássemos na moda, concorda? Infelizmente, ainda não existem fibras sustentáveis que substituam a lã, então, mesmo sendo contra tecidos sintéticos, acredito que eles sejam a melhor opção.

---

32 Quando as acusações vieram à tona, ambas as marcas pararam de comprar lã fabricada pela Ovis 21, que ainda se afirma como uma empresa sustentável.

Viscose (sustentável, *pero no mucho*)

A viscose, cada vez mais comum no mercado da moda, parece do bem, mas gera bastante polêmica: apesar de ser composto de celulose, o tecido é uma fibra artificial — ou seja, durante a produção dos fios são utilizadas diversas substâncias tóxicas que, de modo geral, são despejadas no meio ambiente sem nenhum tipo de tratamento ou precaução. Esse processo também consome uma quantidade enorme de energia e água. O desperdício também é uma constante: mais da metade do material produzido é descartado antes de virar tecido. Outro ponto problemático desse tecido é que cerca de 30% da viscose produzida no mundo é proveniente de árvores de florestas nativas e ameaçadas de extinção.[33]

A boa notícia aqui é que já existe um movimento de certificação da viscose, com rastreabilidade da cadeia de fornecimento, garantindo uma produção com menos impacto e sem desmatamento de florestas nativas. Portanto, se optar por tecido de viscose, procure por alguma certificação florestal, como o selo FSC.

Tecidos sintéticos (zero sustentável)

O derramamento de petróleo no litoral nordestino foi a maior catástrofe ambiental brasileira vista pela minha geração, causando danos irreversíveis ao ecossistema, como a contaminação dos oceanos, a intoxicação de diversas espécies marinhas em risco de extinção e o desequilíbrio da cadeia alimentar.

Você deve estar se perguntando o que esse assunto tem a ver com tecidos sintéticos, né? Vou explicar do começo: as fibras sintéticas surgiram por volta de 1930 e passaram a substituir

---

33 "Quatro razões para você pensar duas vezes antes de optar pela viscose", Modefica, 23 mar. 2017. Disponível em: <www.modefica.com.br/4-razoes- -viscose-roupa-insustentavel/#.X62×K5NKjdc>.

as naturais por serem mais baratas e fáceis de manusear —
os tipos mais comuns até hoje são o poliéster, a poliamida,
o poliuretano, o náilon, o acrílico, o elastano e a lycra. Acontece
que a matéria-prima da maioria desses tecidos é o petróleo,
que leva mais de quatrocentos anos para se decompor e polui
o meio ambiente.

Além disso, por serem derivadas do plástico, as fibras sintéticas
causam a contaminação por microplásticos liberados durante
a lavagem e caem na corrente de água, indo parar nos oceanos
(sim, já falamos sobre isso no capítulo 1). Essas micropartículas,
invisíveis a olho nu, são ingeridas pelos peixes e,
consequentemente, pelos seres que se alimentam deles
(inclusive você, se não for vegetariana). Moral da história: todo
o microplástico que jogamos na água acaba indo parar
no nosso organismo.

Mas e o couro?

Para começar, só a possibilidade de a gente se cobrir com
a pele de um animal morto para se sentir mais quente
e elegante já deveria ser bizarra. Além de infligir sofrimento
aos animais, a indústria do couro é uma das mais poluentes
e irresponsáveis do mundo da moda, gastando centenas de
litros de água na produção de um único sapato. Ela também
não é um bom exemplo no âmbito social: a quantidade
de substâncias químicas envolvida no processo de produção
e de bronzeamento do couro prejudica a saúde de mais
de 1,8 milhão de pessoas, causando descamação de pele
e até a morte.

A nossa sorte é que existem várias alternativas de tecidos
sustentáveis que imitam couro, como o látex, o mylo (feito
a partir de raízes de cogumelo), o piñatex (feito do
reaproveitamento de fibras de abacaxi) e o couro de maçã.
E o efeito é idêntico! Se quiser comprovar, faça uma busca
na internet. Mas precisamos prestar atenção, pois essas
alternativas, usadas por muitas marcas veganas, nem sempre

são sustentáveis. Vemos muitas marcas optando por couro sintético, como o PU (sigla para poliuretano, portanto plástico), que é extremamente maléfico ao meio ambiente.

Se você ainda quiser vestir couro, a melhor opção é garimpar em brechós e adquirir peças vintage, que já estão prontas e devem ser usadas até o fim de sua vida útil.

Como saber qual é o tecido da minha roupa?

Por lei, toda peça deve ter uma etiqueta de composição. Aquele quadradinho que fica no avesso da roupa pinicando a gente, sabe? Talvez você já tenha se perguntado o que significam os símbolos e as letras pequenas impressos ali. Pois bem: são informações sobre a composição do tecido — se "50% algodão, 50% poliéster" ou "100% seda"etc. —, sobre como a peça deve ser lavada e passada e sobre a sustentabilidade da roupa que você tem em mãos. Entre as páginas 150 e 153, há um passo a passo para ensinar você a ler todos os símbolos e letras pequenas que podem aparecer em uma etiqueta de composição.

É importante ressaltar que o tema dos tecidos é complexo e divide opiniões. Aqui, expressei apenas a minha visão de consumidora, mas não sou consultora têxtil. Então, se você quiser, por exemplo, implementar mudanças na sua marca, vale a pena consultar um especialista.

PARTE 2

GUIA PRÁTICO PARA UM GUARDA- -ROUPA SUSTEN- TÁVEL

Conversamos muito sobre o cenário atual e sobre como a moda pode ser mais sustentável, respeitando a natureza e os seres humanos. A partir daqui, vamos entender de que forma as nossas escolhas e ações podem colaborar para que uma grande mudança aconteça.

Às vezes encaramos o problema como algo distante, fingindo que não somos parte dele — é sempre mais cômodo apontar o dedo para o governo, a indústria e as marcas do que olhar para a nossa maneira de consumir. É importante deixar claro que grande parte da culpa é, sim, do sistema de produção, que nos empurra produtos que prejudicam o meio ambiente e a vida das pessoas, mas o fato de comprarmos e usarmos roupas significa que temos em nossas mãos uma maneira de lutar contra essa situação em que nos encontramos, não acha?

A boa notícia é que podemos fazer a diferença usando a nossa voz e — por que não? — o nosso poder de financiamento. Passamos anos aceitando o que o mercado nos impunha, mas recentemente entendemos que a nossa carteira é importante: vivemos em um sistema pautado pelo lucro, mas somos nós que decidimos em quem e em que investir. Com essa consciência, ganhamos força para pressionar marcas e governos, exigindo produtos duráveis e leis que protejam a natureza.

Cada vez mais pessoas reconhecem sua responsabilidade enquanto agentes transformadores, mas precisamos de você! Nas próximas páginas, há um guia prático para ajudar você a consumir moda de forma sustentável, a aprender a fazer escolhas melhores e a aumentar a vida útil do que já tem no guarda-roupa.

Nesse guia você vai encontrar dicas de como comprar, como usar e como descartar peças. Espero que você aproveite, tendo sempre em mente que a mudança vem aos poucos e que é preciso dar um passo de cada vez. Lembre-se de que eu também já fui consumista e levei anos para descobrir novos hábitos e soluções. Se consegui, você também consegue. Preparado para pôr a mão na massa?

O tal do consumo consciente

"Consumo" e "consciência" parecem duas palavras antagônicas: uma compreensão profunda de nós mesmos nos faz perceber que não precisamos ter nada para sermos alguma coisa. Poderíamos viver apenas do que a natureza nos oferece — água, ar, frutas e plantas, abrigo e vestimentas. Apesar disso, estamos tão descolados da nossa essência nos grandes centros urbanos que não fazemos ideia de como nos virar sem máquinas e tecnologia — a água chega filtrada à nossa casa, os alimentos vêm embalados e as roupas já estão prontas. Tudo isso torna a nossa vida mais prática, é claro. Imagine se tivéssemos que plantar o que comemos? Feliz de quem tem essa oportunidade e sabedoria, mas, infelizmente, não se trata da realidade da maioria de nós.

Se o que nos resta é consumir, façamos do modo mais sustentável possível. Se todo consumo gera impactos, cabe a nós conhecê-los e reduzir ao máximo aqueles que são negativos. E, por último, mas não menos importante, se quisermos que as próximas gerações também possam consumir e que a natureza seja preservada, é nosso papel usar e ingerir apenas o necessário, evitando excessos. Prazer, esse é o tal do consumo consciente.

8.
Comprando com consciência

É impossível que a gente pare de consumir. Hoje, a única forma de atender a necessidades básicas, como alimentação, abrigo e vestimentas, é através do capital, portanto, não acredito que a compra e venda de roupas se extinguirá tão cedo.

Além disso, a moda é uma ferramenta de expressão pessoal que acompanha todas as fases da nossa vida — à medida que nos exploramos e nos entendemos como indivíduos, mudamos a nossa maneira de nos vestir, o que pede constantes atualizações no armário.

Acho que eu não conseguiria parar de comprar roupas pelo resto da vida. A questão é: será que todas as nossas aquisições são mesmo necessárias? Com certeza não.

Neste capítulo, você vai descobrir técnicas para comprar roupas de caso pensado, com a convicção de que está adquirindo peças de que realmente precisa e que vão ser bastante usadas.

UMA JORNADA DE AUTOCONHECIMENTO

O autoconhecimento vem antes do conhecimento técnico. Mais importante do que saber se listras horizontais engordam ou se blusas longas encurtam o corpo é saber quem somos e do que realmente gostamos. É preciso explorar o nosso universo interno de verdade para sustentar mudanças externas radicais. Quanto mais mergulhamos em um processo profundo de autoinvestigação e autodescoberta, mais nos aceitamos e vivemos em paz com quem somos.

Não existe um jeito certo de empreender essa jornada. Cada um faz o próprio caminho através de experiências pessoais, mas existem algumas ferramentas que nos ajudam a nos observar e descobrir o que é importante para a gente, como terapia, ioga, meditação, arte, leituras, viagens, entre outros.

O que a moda tem a ver com isso? O ato de se vestir é um exercício de autoconhecimento. De partida, porque as roupas refletem a nossa autoconfiança diante da vida: vestir-se com segurança significa saber o que queremos e do que gostamos, e uma vez que encontramos o nosso próprio estilo passamos a comprar menos. Ou seja, o autoconhecimento está diretamente relacionado à quantidade de roupas que consumimos.

Especialmente nós, mulheres, costumávamos ficar presas a padrões estéticos impostos pela mídia e pela sociedade — quem nunca experimentou uma peça na esperança de parecer mais magra, mais alta ou disfarçar uma parte do corpo que não agradava? Felizmente, estamos conquistando uma moda mais representativa, que inclui diferentes corpos, o que nos dá mais espaço e confiança para testar os nossos limites através do que vestimos.

Deixar os padrões de lado é uma atitude que só depende de você, então não tenha medo de encontrar seu estilo e abraçar a autenticidade!

ENCONTRANDO SEU ESTILO PRÓPRIO

Estilo transcende a moda. Parece complicado, mas a boa notícia é que todos temos um, basta olharmos cuidadosamente para dentro de nós. Encontrá-lo é importante para afirmarmos nossa identidade e termos confiança diante da vida. Se você não está feliz com seu armário, talvez seja porque ele não reflete a sua personalidade — nos reconhecer nas roupas que vestimos e permitir que elas contem a nossa história é uma sensação gratificante.

O estilo próprio nasce de preferências pessoais por cores, modelagens, texturas, tecidos, estampas e outros componentes que dão vida a uma peça. Antes de descobrir quais são os nossos favoritos, precisamos saber quem somos, e é aí que entra o exercício de auto-observação.

As próximas dicas são uma ajuda extra para descobrir um pouco mais sobre os elementos de que você gosta em uma roupa e em si mesma. Lembre-se: esse é um processo individual que não acontece da noite para o dia. Mesmo assim, espero conseguir estimular você a começar uma linda jornada em busca do seu próprio armário.

DICAS PRÁTICAS PARA A AUTODESCOBERTA

Olhe-se no espelho

Fique nu diante do espelho e olhe carinhosamente para você. Pode até ser que usemos as roupas para esconder das pessoas essa ou aquela parte do nosso corpo, mas é impossível escondê-las de nós mesmos. Portanto, encare aquilo que menos gosta em você e, em seguida, foque o que mais gosta — esses são os detalhes que nos fazem únicos. Em vez de usar roupas para disfarçar o que não agrada, use-as para valorizar aquilo que mais gosta.

É hora de investir tempo em experimentar peças que enalteçam nossos pontos fortes. Quantas vezes, antes de sair de casa, a gente se olha no espelho e não se reconhece? Usar roupas que não afirmam a nossa personalidade não é bacana, e, consciente ou inconscientemente, essa sensação afeta as nossas relações e ações cotidianas. Por outro lado, quando nos sentimos bem com o que estamos vestindo, nos transformamos em pessoas mais solares e comunicativas.

Revisite fotos de infância

Depois de rever os filmes que fiz quando criança, me redescobri comunicadora. Ao ver fotos antigas, entendi por que gosto tanto de ombreiras e pedrarias, apesar de me considerar minimalista: não comemorava um aniversário sem incluir esses apetrechos no visual.
A criança que fomos diz muito sobre quem somos hoje — a infância é uma fase espontânea, livre de julgamentos, que reflete a nossa essência sem mascará-la. Revisitar fotos e vídeos dessa época nos permite olhar e reconhecer traços da nossa personalidade que talvez tenhamos suprimido ao longo da vida.

Inspire-se

Fotos e imagens de roupas estão por toda parte — em revistas, livros, exposições, redes sociais ou mesmo na rua — e são ótimas aliadas na missão de definir o nosso próprio estilo. Se algo capturar o seu olhar, investigue o que chamou a sua atenção: foram as cores, a textura, o tipo de tecido ou a *vibe* da peça? Caso seja possível, guarde as referências em um só lugar — eu, por exemplo, adoro o Pinterest, uma rede social de imagens que permite criar acervos e coleções. Aproveito esse recurso para abastecer uma pastinha com looks que são a minha cara. Revisito essas ideias sempre que preciso de inspiração para me vestir.

Pratique o *people watching*

Observar pessoas é minha atividade preferida, e nada me deixa mais entusiasmada do que estar rodeada de gente estilosa para que eu possa reparar (e me inspirar) em cada detalhe. Além de se tratar de uma espécie de meditação e de conexão com os outros, prestar atenção nas pessoas no metrô, na praia, em shows, em museus ou em qualquer outro lugar público é um ótimo descanso para a tela do celular. Faça um raio X e note como certa mulher amarrou o top ou como outra usou o cinto. Tente identificar o que gostou no estilo delas — pode ser o corte de cabelo, a cor do batom ou a saia estampada que você mesma nunca teve coragem de usar. Talvez esses detalhes possam incrementar o seu próprio estilo.

Lembre-se de que estilo não é só sobre roupas

Estilo é sobre o que vestimos, mas também sobre as atitudes que tomamos, como recusar o plástico de uso único e andar com um copinho retornável a tiracolo, e até sobre o modo como passamos o delineador e prendemos o cabelo — garanto que encontrar o corte perfeito para você pode mudar completamente a sua relação com o armário e consigo mesma. Quando estiver observando e coletando referências, atente-se para esses pontos.

Perca o medo

Depois de pesquisar um pouco, você só vai descobrir se realmente se sente bem com determinadas roupas se experimentá-las. É hora de sair por aí vestindo o que tiver vontade, sem medo do julgamento alheio. Se encontrar pessoas conhecidas enquanto explora as possibilidades for um desafio, passeie sozinho no começo, mas lembre-se: vista-se como quiser, contanto que se sinta autêntico.

COMPRANDO MENOS

Antes de sair às compras, temos que aprender a dominar os nossos impulsos consumistas. A maioria das pessoas tem roupa até demais no armário e poderia tranquilamente passar meses sem uma blusinha nova — o que seria ótimo tanto para a natureza quanto para o bolso.

Muitas vezes caímos no conto das palavras mágicas "liquidação!", "só hoje!", "última chance!", "já nas lojas!", gatilhos mentais criados pelo marketing para despertar a falsa impressão de que precisamos de algo que não temos, nos induzindo ao consumo.

A publicidade gera sempre novos desejos, mas parece que eles nunca são satisfeitos, e o resultado é que acabamos comprando sem pensar, em uma tentativa de nos sentir saciados, transformando o consumo em consumismo. Se ficarmos atentos às armadilhas das propagandas, seremos mais espertos que elas. As marcas planejam promoções com frequência, e podemos aproveitá-las somente quando for necessário, evitando os excessos.

8 PERGUNTAS PARA EVITAR O CONSUMISMO

Você já sabe a diferença entre consumo e consumismo, certo? O problema é que, muitas vezes, este último surge como consequência da falta de autoconfiança e autoconhecimento. Quem nunca comprou um sapato só porque o modelo estava na moda? Ou um casaco em uma liquidação que viu por acaso, mas, chegando em casa, percebeu que ele não tinha nada a ver com seu estilo? Pois é...

Aí vão oito perguntas para fazer mentalmente antes de comprar alguma coisa. Há ocasiões em que parece impossível controlar os impulsos, mas dar uma pausa, respirar fundo e responder a esse pequeno questionário já me ajudou a fugir de compras indesejadas inúmeras vezes. Espero que seja útil a você também.

1. Tenho uma peça igual ou parecida?

Jeans é versátil e duradouro, mas ninguém precisa de quatro calças do mesmo tecido no armário, não é mesmo? Então, antes de adquirir uma peça, feche os olhos e tente visualizar mentalmente o seu guarda-roupa (o ideal é que ele esteja organizado e que você saiba direitinho o que tem dentro dele. Se esse não for o caso, dê uma olhada nas dicas do capítulo 10 sobre como organizar um armário-cápsula). Se já houver uma peça igual ou similar por lá, garanto que essa nas suas mãos não fará falta e que você vai se esquecer dela assim que sair da loja.

2. Essa peça é funcional?

Peças funcionais atendem às nossas necessidades cotidianas, podendo ser usadas em diversas situações. Por exemplo, o frio está chegando, e você não tem uma meia-calça ou um casaco mais pesado. Adquirir alguma dessas peças vai ajudar você a estar mais confortável. Não faça como eu: certa vez, caí na cilada de comprar uma bolsa linda, sem me tocar que nem o meu celular cabia dentro dela; nunca a usei e, ainda por cima, peguei bode da marca. Tudo que está no nosso armário tem a obrigação de deixar a nossa vida mais fácil, e uma peça sem utilidade com certeza não trará sentimentos bons.

3. Vou usar daqui a cinco anos?

Versatilidade e atemporalidade são duas palavras-chave para compor um guarda-roupa. Só compensa comprar uma peça se ela puder ser usada de vários jeitos. Também vale a pena investir em modelagens bem-feitas e cortes impecáveis, que nunca saem de moda. É bom lembrar que uma peça só durará bastante se o tecido for de boa qualidade (ensino como analisar isso no capítulo 7) e se for bem conservada e lavada corretamente.

4. Vou comprar essa peça para impressionar alguém?

Muitas vezes, adquirimos uma peça para pertencer a um grupo social que admiramos ou para impressionar alguém. Nesses casos, a gente acaba se distanciando do nosso estilo próprio e se vestindo como os demais. Só que não fica legal. Já percebeu que, quando isso acontece, a roupa não cai muito bem? Parece que nos olhamos no espelho e não nos enxergamos. Bom mesmo é usar as roupas de que gostamos, e, para isso, é preciso uma boa dose de autoconhecimento, como conversamos na página 106.

5. Vou comprar essa peça para me sentir melhor?

Tem dias em que não estamos bem e, em vez de acolher a tristeza, a frustração, a angústia, a ansiedade ou qualquer outro sentimento negativo, a gente faz o quê? Vai às compras para fugir do que estamos sentindo. Quando a crise passa, abrimos o armário e pensamos: "Por que diabos comprei isso?". Nos momentos de tensão e desconforto, procure mergulhar em uma experiência enriquecedora espiritual ou culturalmente, como ir a uma exposição, assistir a um filme, ver uma peça de teatro, ler um livro ao ar livre ou praticar esportes — essas atividades, apesar de também serem uma forma de consumo, alimentam a nossa alma e expandem os nossos horizontes.

6. Vou comprar essa peça porque está na moda?

As tendências vêm e vão em intervalos cada vez mais curtos, por isso são grandes inimigas da moda sustentável. Fuja delas! É fácil detectá-las: as peças da moda estampam todas as capas de revista, estão em todas as vitrines e desfiles, e todas as pessoas usam. De tanto vê-las por aí, enjoamos em, no máximo, seis meses. Além disso, qual é a graça em andar "na moda" se o objetivo das roupas é justamente nos diferenciar?

7. Posso alugar, trocar ou emprestar essa peça de alguém?

Alternativas à compra são cada vez mais difundidas, principalmente nos grandes centros urbanos. Se ainda não há nenhuma dessas opções na sua cidade, que tal você propor uma troca de roupas entre amigas ou criar um grupo no WhatsApp com o intuito de estimular o empréstimo de peças? (E aqui vale expandir para tudo: utensílios de cozinha, roupa de cama, ferramentas, decoração etc.)

8. Eu realmente gostei dessa peça?

Só vale a pena investir dinheiro no que amamos de verdade, então cuidado para não se render ao impulso de "amar" todas as roupas que vê pela frente. Aí vai uma dica infalível: se você já respondeu às perguntas anteriores, experimente a peça e diga à vendedora que vai pensar um pouco. Saia da loja, tome um café, tranquilize a mente. Se depois de um tempo ainda estiver pensando na roupa, volte à loja e compre-a. Na maioria das vezes que apliquei essa tática, acabei deixando a aquisição para lá e nunca me arrependi.

COMPRANDO MELHOR

Depois de responder a todas as perguntas, é possível comprar sem medo de ser feliz! Mas ainda somos responsáveis pelas marcas que apoiamos, pelas cadeias de produção que fomentamos e pelos tecidos que um dia vão ser descartados. Ao renovar o armário, é bom ter em mente o que de fato é uma compra consciente. A seguir, você vai encontrar algumas dicas para adquirir roupas sem peso na consciência:

1. Compre roupas de segunda mão

A maneira mais sustentável de consumir roupas é comprando as que já existem: há tantas peças no mundo que poderíamos passar o resto da vida sem produzir mais nenhuma. Roupas de segunda mão estão disponíveis em brechós, bazares beneficentes e lojas de marcas que praticam o *upcycling*. Como essa é minha forma preferida de consumo, haja experiência para contar... por isso, dediquei o capítulo 7 inteiro a esse assunto.

2. Apoie marcas pequenas e produtores locais

Ao comprar roupas novas, dê preferência a marcas pequenas e produtores locais. Além de fabricarem em menor escala, eles geralmente são responsáveis por todo o processo de produção e não conseguem competir com grandes marcas, sendo massacrados em questão de preço, marketing, divulgação e alcance. Assim, está nas nossas mãos fomentar e dar visibilidade a esses pequenos negócios.

Outro ponto positivo é que desenvolvemos um relacionamento mais próximo com marcas pequenas — muitas vezes, compramos direto do dono, o que dá um toque especial à experiência. Aquilo de olhar no olho de quem fez, sabe? Além disso, marcas locais geram menos poluição porque seus produtos não precisam atravessar oceanos para chegar às nossas mãos, o que diminui a emissão de dióxido de carbono.

3. Priorize tecidos de fibras naturais

Falamos muito sobre tecidos no capítulo 7, mas cabe ressaltar que roupas compostas de fibras naturais, cuja decomposição é rápida, são sempre a melhor escolha (isso vale inclusive para os itens de brechó). Comprar peças de fibras sintéticas, como o poliéster, só está liberado se elas já estiverem circulando neste mundão. Entretanto, sua responsabilidade em relação à lavagem e ao descarte aumenta, como veremos nos capítulos 11 e 12.

4. Lembre-se de que qualidade é melhor que quantidade

Passamos anos adquirindo roupas baratas de péssima qualidade que em pouco tempo teriam que ser substituídas por outras roupas baratas de péssima qualidade. Essa lógica simplesmente não faz sentido: além de gastar dinheiro comprando mais vezes, poluíamos o planeta ainda mais.

Peças de boa qualidade duram uma vida inteira. Em vez de pagar "uma pechincha" em cinco blusinhas de poliéster que vão ficar cheias de bolinha com poucas lavagens, opte por uma única camiseta de algodão orgânico, que você poderá usar por bastante tempo.

5. Busque versatilidade

Peças adaptáveis, que podem ser usadas em diferentes ambientes com uma simples troca de acessórios, são essenciais. O mesmo vale para roupas com infinitas possibilidades de uso, como blusas que viram saias ou macacões que se transformam em calças. No capítulo 10, quando falarmos sobre o armário-cápsula, você vai encontrar dicas para aumentar a versatilidade das suas roupas.

6. Garimpe peças atemporais

Lembra do tênis com um salto embutido que foi febre alguns anos atrás? Entrei na onda e gastei uma grana em um de uma marca genérica, mas a popularidade do item durou apenas alguns meses. Depois disso, passei a fugir das tendências. Acredite, em seis meses ou menos, modismos como a cor "da estação", que está em todas as vitrines, ou a modelagem que virou febre farão você sentir o maior ranço.

Um bom exercício para não cair nessa é tentar se imaginar usando a peça por anos a fio. Para sobreviver a esse teste, a roupa precisa combinar com seu estilo pessoal e expressar sua personalidade. O mesmo vale para cores: compensa mais usar a "cor do verão" ou priorizar um tom que você sempre achou lindo? Pense nisso. Se a peça "da tendência" for durável e fizer o seu estilo, melhor ainda!
Ela provavelmente vai voltar à moda dentro de alguns anos e já estará no seu armário.

7. Invista em marcas transparentes

Transparência é fundamental para uma marca sustentável. Queremos saber todos os detalhes sobre a peça que vamos adquirir. Algumas empresas entenderam o recado e abraçaram a transparência como prioridade, expondo todas as informações sobre seu processo de produção para que a gente saiba direitinho o que está financiando. Na página 73 falamos sobre como descobrir se uma marca é de fato transparente.

8. Experimente sempre!

Experimentar é primordial para saber se a peça vai ser usada. Às vezes dá preguiça, principalmente quando estamos na correria ou temos que tirar camadas e camadas de roupa no provador, mas, acredite, é importante! Só assim você vai saber o caimento da peça no seu corpo, evitando gastos desnecessários. Perdi a conta de quantas vezes desisti de uma compra na etapa do provador. O bolso e o planeta agradecem.

9. Celebre o artesanato

Com a massificação dos produtos industrializados, o artesanato foi desvalorizado e relegado somente à cultura regional ou folclórica. Por sorte, conforme nos cansamos de objetos e roupas impessoais, sem identidade, isso vem mudando. Essa técnica, que é avessa à industrialização, utiliza matérias-primas naturais, é praticada por artesãos que detêm todo o conhecimento e etapas de produção. Os itens são feitos manualmente, um a um, e chegam até nós carregados de sentimentos e histórias. Ao comprá-los, apoiamos os pequenos empreendedores e a economia criativa, além de adquirir objetos únicos e especiais.

Arte indígena

Os indígenas são os artesãos mais antigos da história da cultura brasileira |e hoje resistem bravamente à invasão de suas terras, ao genocídio e ao preconceito. A comunidade indígena sabe como aproveitar os recursos abundantes da natureza sem destruí-la: suas peças artesanais, únicas e sofisticadas, são todas feitas com manejo sustentável de matérias-primas naturais e biodegradáveis. Sem contar que o acabamento é impecável. Como não se apaixonar pela tecelagem das mulheres da etnia huni kuin, que, através do manejo do algodão e de pigmentos naturais, confeccionam roupas e mantas com teares manuais? Ou pelas biojoias feitas pelas mulheres da Associação das Guerreiras Indígenas de Rondônia (Agir), que, através de técnicas sofisticadas, criam acessórios a partir de matérias-primas naturais? Comprar arte indígena é uma forma de fortalecer a resistência desses povos e sua luta territorial. Usar arte indígena é, acima de tudo, um ato político.

Para encontrar peças como essas, destaco aqui a Tucum (@tucumbrasil), marca que trabalha em parceria com artesãos indígenas na venda e na disseminação de suas artes, colocando-os em contato com consumidores interessados.

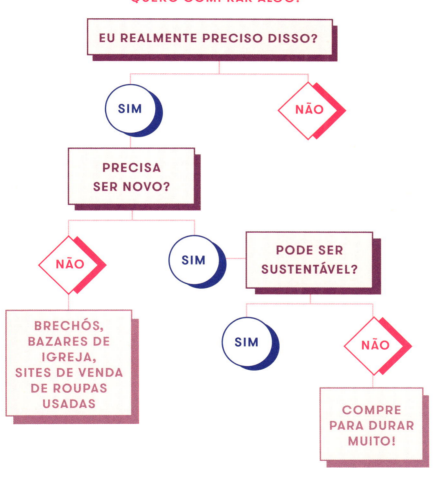

9.
O mundo encantado dos brechós

Nunca vou me esquecer da primeira vez que entrei em um brechó, influenciada pela minha amiga Nathalie Borges, em 2010. Havíamos ganhado uma viagem para Paris em um concurso cultural de uma rede de restaurantes (sempre duvidei dessas coisas até acontecer com a gente) e passamos meses planejando cada detalhe.

Nathalie, que já era viciada em brechós, montou um guia com os melhores vintage da cidade, e lá fomos nós. Lembro de discutirmos quando eu não aguentava mais perambular de loja em loja — eu não tinha vontade de experimentar nada, e a única coisa que comprei foi um reloginho seminovo (que uso diariamente até hoje, diga-se de passagem).

O motivo pelo qual não curti a experiência na época talvez seja o mais recorrente entre as pessoas que não compram em brechós: preconceito com roupa usada. Dava agonia só de pensar que alguém havia usado a peça antes de mim. Não entendia por que escolher vestir roupas "velhas" e não gostava da energia que elas pareciam carregar.

Corta para hoje, dez anos depois: eu incentivando a troca de roupas, apresentando um programa sobre brechós e com 90% do guarda-roupa composto de peças de segunda mão. A Nath também entrou no ramo, inaugurando um brechó para chamar de seu: Os Maiores Achados do Mundo (@osmaioresachadosdomundo) possui uma curadoria incrível e vende suas peças na internet e em feiras em toda a cidade de São Paulo.

O que aconteceu para que minha aversão a roupas usadas se transformasse em uma das minhas maiores paixões? Com o passar do tempo, entendi a mágica de comprar em brechós. Este capítulo é especialmente dedicado a esse universo encantado. Mas cuidado: assim como eu, você também pode ser enfeitiçado!

POR QUE CONSUMIR ROUPAS DE SEGUNDA MÃO?

São tendência

O mercado de roupas de segunda mão é um fenômeno mundial. Segundo pesquisas recentes realizadas pela empresa Thred Up, esse setor cresce 25% ao ano em termos globais e, dentro de uma década, ultrapassará o mercado de fast fashion, valendo 64 bilhões de dólares contra 44 bilhões do mercado tradicional.[34] Seja qual for a razão dessa expansão, priorizar a compra de produtos usados é a melhor opção diante das crises financeira e ambiental que temos enfrentado.

São mais sustentáveis

É sempre bom lembrar que roupas usadas são as mais sustentáveis que existem porque evitam mais gastos com água, energia, tecidos e outros insumos. A essa altura, já deu para perceber que há roupas demais no mundo, né? Poderíamos conversar muito sobre a produção, o descarte, a geração de resíduos e o consumismo, mas já entendemos que poderíamos passar os próximos trinta anos comprando e usando apenas as peças que já estão produzidas.

São mais baratas

O simples fato de ter sido usada barateia de modo significativo o preço de uma peça. Já fiz muitos achados nesta vida: comprei cinto por um real, calça por três e sapato por cinco, com muito orgulho! É importante dizer que existem vários perfis de brechós, inclusive os recheados de marcas de luxo e peças caríssimas (que, ainda assim, são infinitamente mais baratas do que se fossem novas). Mas, se você for como eu e não ligar muito para marcas, se jogue nos brechós baratinhos.

São únicas

Dificilmente alguém vai ter uma peça idêntica à que você garimpou em um brechó. Falamos muito sobre conquistar

---

34 "2020 Resale Report", Thred Up. Disponível em: <https://www.thredup.com/resale/>.

um estilo próprio e autêntico, e é isso que as roupas de segunda mão proporcionam. Elas são únicas e estão escondidas por aí: se você encontrou uma peça que é a sua cara, parabéns! Ninguém vai ter uma igual.

São mais duráveis

Quase sempre, as peças de brechó são de excelente qualidade, por isso duraram bastante (e vão durar ainda mais!). Já percebeu que roupas vintage, de trinta ou quarenta anos atrás, têm um tecido bom e resistente, que você lava, lava, lava e continua como se fosse novo? Antigamente, as peças eram produzidas com fibras melhores, feitas para sobreviver ao teste do tempo. Hoje, a maioria das roupas fica "velha" antes do lançamento da próxima coleção, mas não é por acaso: o mercado quer — e precisa — que você volte a comprar o mais cedo possível.

XÔ, PRECONCEITO!

Assim como aconteceu comigo, muitas pessoas ainda têm preconceito com roupas usadas e evitam comprá-las. Por isso, listei a seguir as frases "antibrechó" mais comuns para a gente desmistificar. Prometo transformar os empecilhos em incentivos, e você promete abrir o coração e considerar (ou reconsiderar) o seu olhar sobre brechós, combinado? Lá vamos nós...

Substitua "nunca acho nada!" por "tem que ter disposição!"

A experiência de compra em brechós é totalmente diferente da experiência de compra em lojas de roupa nova. Nestas, tudo está à mão, separado por modelo, cor e tamanho; já nos brechós, as peças ficam todas juntas e misturadas.

E essa é a grande aventura! Encare uma ida ao brechó como uma caça ao tesouro: você vai precisar de tempo e de disposição para achar o que quer e muitas vezes não vai encontrar exatamente o que estava procurando. Apesar disso, se estiver com a mente aberta, é possível que se surpreenda ao deparar com peças que são a sua cara.

Substitua "roupas velhas" por "roupas com história"

Estamos falando de roupas que foram de outras pessoas, ou seja, é claro que essas peças carregam sinais de uso — elas já viveram muita coisa! Em vez de ficar com o pé atrás ao ver uma manchinha, por que não tentar adivinhar o que caiu ali? Muitas vezes, quando analisamos bem uma peça, temos mais detalhes sobre a sua história — se a virarmos do avesso, por exemplo, vamos saber se foi ajustada ou se teve ombreiras.

Também é importante diferenciar "velho" e "vintage". Roupas velhas têm rasgos, manchas e bolinhas. Roupas vintage são aquelas de algumas décadas atrás, com carinha de antigas, mas que podem estar em perfeito estado de conservação. São as minhas preferidas! Amo modelagens datadas que transitaram em outra época e fizeram parte de um contexto sociocultural diferente. Fico me perguntando por onde elas passaram e quem foram seus donos antes de mim. Valorizar boas histórias nos ajuda a criar uma relação especial com as roupas.

Substitua "roupas de brechó têm uma energia pesada" por "roupas provenientes de trabalho escravo têm uma energia pesada"

Sem julgamentos, mas energia ruim é a que ronda as peças produzidas por pessoas que trabalham em condições análogas à escravidão, não as que ajudam o planeta a se recuperar. Além disso, lavou, tá novo! Se ainda assim você ficar desconfiada, adicione um pouquinho de sal grosso na hora da lavagem (garanto que espanta qualquer espírito).

Substitua "brechós são bagunçados" por "brechós têm personalidade"

Foi-se o tempo em que brechós eram lojas empoeiradas, com cheiro de mofo e roupas velhas. Esse mercado passou por uma evolução radical, e hoje podemos ter uma experiência agradabilíssima ao visitar estabelecimentos limpos, organizados, arejados e repletos de roupas cheirosas. Deixe para lá aquela ideia de que brechós são um caos: tome coragem, arregace as mangas e divirta-se!

NEM TUDO SÃO flORES...

Se não estivermos atentos ao nosso consumo, os brechós poderão nos fazer comprar mais do que realmente precisamos. Aí vão algumas dicas para não cair em armadilhas:

Apegue-se ao seu estilo próprio

Brechós contêm peças de uma infinidade de estilos. Não saber exatamente qual é o seu pode deixar você confuso e perdido em meio a tantas opções, fazendo com que compre peças inadequadas ao clima da sua cidade ou que não sejam tão úteis — já caí na cilada de comprar um casaco superpesado só porque o achei lindo e colorido, sem perceber que quase não pegava inverno. Para não cair nessas armadilhas, é importante saber de quais cores e modelagens gosta e qual é o tipo de peça mais apropriado para a sua rotina. Autoconhecimento e um estilo próprio definido podem ajudar você a desenvolver uma relação mais harmoniosa com brechós.

Fuja do consumismo sustentável

Já visitou uma loja com tantas peças lindas e baratas que o seu coração ficou até acelerado? Tive essa sensação várias vezes ao entrar em redes de fast fashion e, só depois de algum tempo, me dei conta que sentia a mesma coisa quando entrava em lojas de roupa usada, mas com um agravante: a peça era exclusiva e, se eu não a levasse na hora, a probabilidade de nunca mais voltar a vê-la seja enorme. Quando percebia, estava com uma montanha de roupas nos braços, levando muito mais do que eu precisava.

A gente fala tanto que comprar em brechó é a maneira mais sustentável de consumir que esquece que, mesmo assim, podemos cair nas garras do consumismo. Antes de levar qualquer peça, mentalize o seu armário para saber se a peça é de fato necessária e se faça as perguntinhas da página 111.

Não desista se não achar o que procura

Não é possível achar coleções inteiras ou peças específicas nos brechós, e, às vezes, acabamos não encontrando o que estávamos procurando. Diferentemente do que acontece nas lojas convencionais, nos brechós é a roupa que vem até nós, então abra o coração para essa aventura. Tudo bem se não achar aquela peça específica tão desejada — nenhuma roupa em particular é 100% necessária (sempre há outras opções), e o fato de não encontrá-la de imediato obriga você a pensar um pouco mais sobre a aquisição e, quem sabe, economizar.

10.
Como organizar suas roupas

A sustentabilidade não é responsabilidade apenas das indústrias e das marcas — nós, como indivíduos, também estamos encarregados dessa missão. O modo como usamos as nossas roupas impacta o ecossistema: cuidar bem de uma peça faz com que ela dure mais tempo até ser descartada. Neste capítulo, vou dar dicas de como estender o ciclo de vida útil das suas roupas e de como organizar um armário-cápsula com tudo de que você precisa

O ARMÁRIO-CÁPSULA

Sou uma adepta devota do armário-cápsula e de sua premissa central: manter no guarda-roupa somente o que uso. Esse método me faz amar e usar tudo que há no meu acervo pessoal, evitando que peças indesejadas ocupem espaço e dando um aspecto minimalista ao meu armário. O cápsula é tão útil que tento pô-lo em prática inclusive em outros cômodos da casa, como a cozinha, o banheiro e o escritório.

O conceito de "armário-cápsula", popular nos últimos anos, foi criado em 1970 por Susie Faux, proprietária de uma butique londrina da época. Segundo ela, um armário-cápsula é composto de uma coleção de roupas atemporais, que nunca saem de moda, e por peças novas que chegam a cada estação para dar corpo ao conjunto.

Em 2015, Caroline Joy, fundadora do blog Un-Fancy, resgatou o conceito e o adaptou para os tempos de consumismo desenfreado em que vivemos. De acordo com ela, um armário-cápsula é formado apenas por nossas roupas favoritas, que devem permitir infinitas combinações entre si, e tem o objetivo de estimular compras mais conscientes e menos regulares.

Créditos dados, vamos à minha própria definição... ;)

O armário-cápsula é um miniarmário de peças versáteis que você ama muito e usa até cansar. Ele tem tudo a ver com a nossa jornada de autoconhecimento: é um instrumento de aprendizagem não só sobre o nosso estilo próprio, mas sobre o que queremos expressar através das nossas roupas.

Desde que aderi ao método cápsula, escolher o look do dia tem se tornado cada vez mais fácil e prazeroso. A cada mudança de guarda-roupa, adquiro mais conhecimento sobre meu estilo próprio e sobre mim mesma. Mas vamos partir do início...

Meu primeiro armário-cápsula surgiu alguns meses depois do nascimento da minha filha. Eu estava saindo do puerpério — fase pós-parto de hipersensibilidade e alterações hormonais decorrentes do fato de a mulher ter se tornado mãe —, entendendo o novo papel que precisava exercer e engatinhando de volta à vida social e profissional. Depois de uma gravidez, nem preciso dizer quão desesperador é, para uma pessoa que ama e trabalha com moda, se vestir de acordo com o seu novo — e ainda inexplorado — aspecto físico, né? Além das mudanças no nosso corpo, precisamos nos adaptar a roupas que sejam fáceis para amamentar e que nos deem mobilidade e conforto para a vida corrida de uma mãe com um recém-nascido.

No mesmo período, eu estava deixando São Paulo para morar no Rio de Janeiro. Apesar de estarem separadas por uma ponte aérea de meia hora, essas duas cidades não têm nada em comum: o clima, o estilo de vida e a dinâmica cultural delas são totalmente diferentes. Imagine então: uma nova mulher com um novo corpo em uma nova cidade. Meu guarda-roupa e meu cérebro entraram em pane.

Em certa ocasião, saí para jantar com minha amiga Fê Cortez, adepta do armário-cápsula há algum tempo. Ela me contou sobre a experiência e incentivou: "Tenta, é libertador!". Bom, liberdade era a sensação de que eu mais sentia falta na época, quando era uma mãe de primeira viagem, que não conseguia ter uma noite de sono ininterrupto nem ficar longe da filha por mais de três horas. Lembro de chorar, achando que nunca mais conseguiria tomar banho tranquila, dormir oito horas seguidas ou sair de casa sem horário para voltar. Drama? Talvez, mas quem já passou por um puerpério sabe do que estou falando. Então, o fato de ter um pouco de liberdade através do meu próprio armário pareceu... catártico.

Antes de tirar todas as peças do guarda-roupa, pesquisei sobre o tema na internet. Descobri que existiam centenas de versões do armário-cápsula, entre elas as duas que já citei. Enquanto criava coragem para encarar as minhas roupas, fui bebendo dessas fontes para desenvolver o meu próprio método — o importante mesmo é que o seu armário-cápsula funcione para você.

O armário-cápsula que funciona para você

A quantidade de peças e a duração de um armário-cápsula variam. Caroline Joy faz com 37 peças por estação e Courtney Carver, criadora do Project 333, desafia-se a usar apenas 33 peças por três meses. Outras pessoas criam um guarda-roupa com cerca de cinquenta peças para usar por um semestre inteiro.

A verdade é que o número de roupas e a duração do seu armário-cápsula não importa, contanto que ele funcione para você. Já me propus a fazer o desafio do Project 333 como uma forma de autoencorajamento, mas hoje em dia só me asseguro de não ter mais de quarenta peças dentro do guarda-roupa.

No Rio de Janeiro há apenas três estações no ano (se você for carioca, deve concordar comigo): o alto verão, quando temos vontade de andar nuas por aí; o verão, quando conseguimos pôr algumas peças a mais; e um inverno leve, quando a gente até se arrisca a levar um casaquinho na bolsa. Assim, decidi montar três armários-cápsula por ano, cada um com aproximadamente quarenta peças que em sua maioria se repetem nas três versões, por serem as minhas favoritas. As demais são peças-chave que funcionam como um complemento para cada estação — por exemplo, no verão, os casacos são substituídos por tops.

O armário-cápsula ideal para você vai depender da sua cidade, da sua rotina e do seu estilo de vida, então aí vão algumas dicas.

Considerando a cidade

Se você mora em uma cidade onde as quatro estações do ano são bem definidas, talvez valha a pena investir em quatro armários, um a cada três meses. A quantidade de peças pode ser pequena, já que elas vão variar muito de acordo com a época — enquanto o verão pede tecidos leves, shortinhos e vestidos esvoaçantes, o inverno exige fibras grossas e roupas

pesadas, como cashmeres, casacos, gorros e cachecóis.
Se você mora em uma cidade em que há apenas duas
estações marcantes, minha sugestão é compor dois armários,
um para o calor e outro para o frio. Nesse caso, a quantidade
de peças pode ser maior, permitindo que você possa usá-las
por bastante tempo sem enjoar das combinações.

Considerando a rotina e o estilo de vida

O nosso estilo de vida reflete diretamente no nosso
armário. Já parou para pensar quais são os lugares que
você mais frequenta? Talvez seja o escritório, a academia,
a faculdade... ou será que passa mais tempo em casa?
Que tipo de roupa você usa nessas ocasiões?

Para ajudar a pensar, adoro a técnica da pirâmide invertida:
é só desenhar um triângulo grande, com a ponta para baixo,
e dividi-lo em algumas camadas. Na base dele (que vai estar
na parte de cima do desenho), escreva as atividades que
você mais pratica na sua rotina e, na ponta, as menos
frequentes. Quando terminar de anotar, é só dar uma olhada
na quantidade de peças que estão reservadas para cada
momento e comparar — por exemplo, se a maioria das suas
roupas são para realizar as atividades da ponta da pirâmide,
algo está errado.

Parece um exercício simples, né? Mas revela muito sobre nós:
já vi casos de pessoas que descobriram uma compulsão por
comprar biquínis, mas não iam à praia tanto assim ou, ainda
pior, nem sequer moravam em uma cidade litorânea. Outras
tinham uma gaveta recheada de roupas de ginástica, mas
não malhavam fazia um bom tempo. O que as nossas manias
dizem sobre nós? Por que será que consumimos tanto
determinados itens?

A pirâmide também mostra quantas rotinas paralelas há em
nossa vida. Algumas pessoas passam cinco dias da semana
trabalhando em escritórios que exigem o uso de roupas mais
formais, então, nos dias de folga, adoram pôr vestidos leves

e coloridos. Mas isso não justifica um guarda-roupa abarrotado de vestidos, concorda? Nesses casos, minha sugestão é montar dois armários-cápsula — um para o trabalho e outro para o lazer.

Os seus armários-cápsula não precisam ter a mesma duração — por exemplo, um pode durar três meses e o outro seis, dependendo das suas necessidades. Se você costuma usar sempre as mesmas roupas no escritório e, nos dias frios, só acrescenta mais algumas peças às suas produções, como um casaco ou uma meia-calça, que tal compor um armário "de trabalho" para os próximos seis meses ou até um ano? Já o armário dos dias casuais — menos frequentes — pode ser mais enxuto e durar menos tempo.

Vale analisar se as roupas que você usa durante o dia são muito diferentes das roupas de uso noturno. Se você é uma superbaladeira chique, que ama um vestidinho justo e salto alto, mas trabalha de calça jeans e tênis, talvez valha a pena montar dois armários-cápsula, um para o dia e outro para a noite. No meu caso, visto as mesmas roupas independentemente do horário, portanto escolhi compor um só armário para usar durante a semana. Quando preciso de uma peça para uma ocasião especial, como uma festa de casamento, resgato alguma que não faça parte do meu armário-cápsula— afinal, não faz sentido ela ficar ali ocupando espaço no meu armário e campo de visão se só é usada de vez em nunca.

Mãos à obra

Chega de papo! Depois de pesquisar e pensar o armário-cápsula que mais combina com as suas necessidades, é hora de montar o seu. O processo demora algumas horas, então o ideal é escolher um dia tranquilo e sem compromissos. A parte mais importante é estar sozinha — você é quem usa as suas roupas, então não deve haver ninguém interferindo nas suas opiniões e nos seus sentimentos sobre o que deve ficar ou sair do armário. Trata-se de um processo meditativo de autoconhecimento, então nada melhor do que ficar um tempo na sua própria companhia.

Gosto de preparar uma atmosfera especial para a criação de um novo cápsula. Ponho uma boa música, acendo um incenso, preparo comidinhas gostosas para beliscar, e um chá ou cafezinho são sempre bem-vindos. Você está convidada a fazer o mesmo. Pronta para começar?

Primeiro passo
Tire tudo do guarda-roupa (tudo mesmo) e faça um montinho (ou montão) de roupas no chão ou em cima da cama. Se você é daquelas que têm peças espalhadas pela casa inteira, traga todas para o mesmo cômodo e junte-as à pilha. Ligue o piloto automático e não pense muito sobre o que está fazendo, evite observar e analisar o que está tirando do armário. Só vai!

Depois, em silêncio, sente-se em frente ao monte e observe-o por um minuto. Respire fundo e devagar, tentando identificar seus sentimentos nesse momento. Reflita: seu monte é maior ou menor do que você esperava? Quais são as sensações que ele provoca? Orgulho, incômodo, felicidade ou tristeza?

Segundo passo
Agora, toque peça por peça, separando-as em três pilhas: a primeira de peças que você usa e ama muito, a segunda de peças de que gosta, mas não usa tanto assim; e a terceira de peças que não usa há um ano ou mais.

Ao tocar cada uma das suas roupas, tente se lembrar das histórias especiais que viveu com elas. O que você estava vestindo nos momentos que merecem ser eternizados? Pense sobre isso, mas não deixe que as memórias tirem seu foco do principal: separar as três pilhas, levando em consideração a frequência e o tempo de uso das peças.

Pode ser que encontre seu vestido de formatura — uma ocasião marcante —, mas se ele foi usado apenas uma vez, ponha-o na terceira pilha. Não se preocupe! Isso não significa que você vai se desfazer dele. Há mais etapas pela frente.

Sou fã da Marie Kondo — musa inspiradora da arrumação e do desapego —, que me ensinou a tocar e a dar atenção a cada peça. Esse processo nos ajuda a distinguir o que é realmente especial do que está apenas ocupando espaço e aumentando o fardo que precisamos carregar. Roupas desnecessárias ou em excesso criam um baita peso na nossa vida... E daqui a pouco você vai poder comprovar o que estou dizendo.

Terceiro passo

Com as pilhas de roupa devidamente separadas, é hora de analisar peça por peça. Vamos começar de trás para a frente, ou seja, primeiro você vai examinar as roupas da terceira pilha, depois da segunda e só então da primeira. Bora?

Peças que você não usa há um ano ou mais

Poderíamos começar perguntando "o que essas roupas ainda fazem aí?" ou "por que está guardando tudo isso?", mas não sejamos tão radicais. A seguir, alguns tipos de peça que podem surgir enquanto você examina as roupas que não usa há muito tempo.

Peças que não servem mais

Você adora algumas dessas roupas, mas elas ficaram pequenas ou grandes demais com o tempo? Seria incrível se elas voltassem a servir? Bom, se você ama muito essas peças, talvez seja possível voltar a usá-las, sabia? É provável que elas precisem apenas de alguns ajustes, então que tal procurar uma costureira profissional para dar uma olhada ou tentar realizá-los sozinho, dependendo da sua habilidade com esse tipo de coisa? Vou explicar melhor como fazer pequenas alterações nas peças no capítulo 13, mas já estou revelando a possibilidade agora para você não desistir das peças que sonha em voltar a usar. Por enquanto, separe-as em um novo monte: a pilha de ajustes.

Peças de valor sentimental

Nessa pilha há roupas que você usou em momentos marcantes da vida, mas que, apesar disso, não têm nada a ver com seu estilo atual? Ou então nunca surge uma ocasião apropriada para vesti-las outra vez? Essas peças continuam no armário simplesmente porque você tem um carinho enorme por elas? Pode ser o seu vestido de formatura, de casamento ou qualquer outra roupa que marcou um dia especial. Muitas pessoas têm dificuldade em se desfazer de roupas por causa do valor emocional que elas carregam.

Apresento-lhes o famoso desapego. Para colocá-lo em prática, é só mudar um pouquinho a forma de encarar o objeto de que gostamos — o vestido de formatura que você escolheu com tanto cuidado para se sentir linda pode provocar o mesmo sentimento em outra pessoa. Pense na sensação de felicidade e leveza de fazer alguém sorrir com essa roupa.

O apego a coisas, ideias e pessoas prejudica a nossa saúde emocional. Nada é eterno nesta vida, e todos nós vamos sofrer perdas mais cedo ou mais tarde. Desapegar-se é deixar as coisas fluírem, livrando a gente dos excessos e abrindo espaço para o novo. Que tal pôr essas roupas em circulação? Você pode doar as peças para uma prima mais nova, por exemplo, ou vendê-las para ganhar uma graninha. Ah, não se esqueça de pedir à nova dona que envie uma foto para você quando estiver construindo uma nova história com a peça que um dia foi sua.

Peças que você ganhou ou herdou de alguém

Tem roupas que são especiais porque foram um presente ou uma herança de alguém muito querido para nós, de quem gostaríamos de nos lembrar para sempre. Por que você não usa essas peças? Por medo de estragá-las ou porque não têm a ver com o seu estilo? Se for por receio de danificá-las, pare já com isso! Bote essas peças em um cantinho visível do armário e comece a incluí-las nos seus looks. Se for porque elas não fazem muito o seu tipo, desapegue! Se ainda assim você quiser apenas guardá-las, crie um novo montinho: a pilha das lembranças. Vamos voltar a ela no momento de guardar tudo no guarda-roupa outra vez.

Peças nada a ver

A maioria das peças dessa pilha está apenas ocupando espaço e não tem mais nada a ver com o seu estilo? Ou ficaram velhas, desgastadas, manchadas e cheias de bolinha, e você simplesmente se esqueceu de tirá-las do guarda-roupa? Seja qual for o caso, é hora de elas ganharem um novo destino. Deixe-as separadas e, no capítulo 12, você vai aprender a descartá-las de forma adequada.

Peças de que você gosta, mas não usa tanto assim

Os motivos para não usá-las tanto assim podem variar: ou as roupas não conversam muito com o seu estilo atual, ou não combinam com as demais peças do armário, ou não surgem ocasiões adequadas para vesti-las, ou mesmo são de quando você vivia em um lugar com um clima diferente do atual.

Algumas dessas situações aconteceram comigo. Por exemplo, quando mudei de São Paulo para o Rio de Janeiro, levei um guarda-roupa cheio de casacos, blusas de frio e tecidos pesados, que eu nunca usei no calor carioca. Gosto tanto

dessas peças que não tenho coragem de tirá-las do armário...
ainda. Sempre penso "e se um dia eu voltar para São Paulo ou
viajar para um lugar frio?".

Também tem um vestido que garimpei há algum tempo e que
não uso tanto quanto poderia. Ele é super anos 1960, um
vintage clássico — possui saia mídi plissada com estampa
em preto e branco. Já o usei para ir a eventos especiais e até
como figurino em peças de teatro. Talvez seja bobeira, mas
sempre que o experimento, acabo trocando de roupa minutos
antes de sair de casa. Apesar disso, não tem o que me faça
tirá-lo do armário: não vendo, não troco e empresto um pouco
contrariada.

Se não são tão utilizadas, essas peças não precisam ficar
no armário de todo dia, concorda? Até porque ocupam um
espaço desnecessário, impedindo que você enxergue o que
realmente importa. Portanto, sugiro aplicar a técnica do
desapego. Lembre-se de que quanto mais a roupa circula,
mais a energia flui.

Se não conseguir desapegar, tudo bem. Tire-as do seu campo
de visão: o ideal é armazená-las em uma parte do armário
menos acessível e, se não houver mais espaço, guarde-as
em uma mala ou caixa debaixo da cama. Volte a analisá-las
quando chegar a próxima estação, a próxima troca de
armário-cápsula ou em qualquer outro momento em que você
tiver vontade de usá-las. Importante: se você nem lembrar que
essas roupas existem até o momento de compor o próximo
armário-cápsula, adicione-as à pilha de peças que não usa há
mais de um ano — é um sinal de que estão próximas de ganhar
novos donos.

Peças que você usa e ama muito

Eba, chegamos à melhor pilha! Aí estão as roupas que fazem você se sentir bem quando veste e que vai continuar usando até cansar: elas são o seu armário-cápsula! Mas não só: essas peças também dizem muito sobre a sua personalidade. Vamos olhá-las com mais atenção?

Partes de baixo

Comecemos pelas calças. Que tipo você mais tem: jeans, pantalona ou legging? A resposta provavelmente é o seu modelo favorito. Eu, por exemplo, só descobri o quanto amo calças pantacourt — de comprimento mais curto, até a canela, e boca mais larga — quando estava compondo o meu primeiro armário-cápsula. O que isso diz sobre mim? Talvez que more em uma cidade quente, então prefiro roupas mais frescas, ou que goste desse caimento específico no meu corpo. Também percebi que uso apenas mom jeans — modelo com cintura alta, pernas menos ajustadas, cujo comprimento vai até a canela (olha aí algumas características da pantacourt aparecendo outra vez).

Analisar o que está no nosso guarda-roupa e prestar atenção em padrões e nos nossos gostos pessoais facilitam o processo de comprar roupas novas. Posso até achar bonito um jeans mais justo no Instagram, mas será que o usaria bastante se comprasse?

Quando acabar de olhar as calças, faça o mesmo com as saias e os shorts. Qual é o comprimento e a modelagem dessas suas saias? Lápis, justa, longa, rodada? E os shorts? Analise-os e separe-os por categoria.

Partes de cima

Chegou a vez das camisas, das camisetas e dos tops. Quantos há na sua pilha? Talvez mais do que você tinha imaginado. Será que são necessárias tantas camisas assim?

Se houver duas parecidas, uma pode ser descartada para que o armário fique mais enxuto, né?

Sobreposições

Hora de analisar os casacos, as jaquetas e as camisas, como as jeans e as xadrez, que costumam ser usadas por cima de outras roupas. Essas peças protegem você o suficiente do frio ou há uma ou outra que pode ser descartada? Já adianto que sobreposições são ótimas para deixar a produção mais estilosa, podendo ser utilizadas de várias maneiras. Uma boa alternativa é vestir as camisas abertas, por exemplo. Se você está feliz com as que tem no armário, aproveite-as de todos os jeitos possíveis!

Peças inteiras

Separe uma pilha de vestidos e macacões — são peças marcantes que nos ajudam demais quando estamos sem tantas ideias. Enquanto separa, note quais são os tipos de vestido que mais tem: longos, curtos ou decotados? O mesmo vale para os macacões.

Como compor seu armário-cápsula

Peças-chave

Finalmente vamos dar vida ao seu primeiro armário-cápsula! Levando em consideração a sua rotina e a estação do ano, escolha dez itens favoritos da pilha de roupas que você ama e usa muito. À medida que seleciona, pendure em cabides no armário — essa vai ser a base do seu armário-cápsula. Repare se há equilíbrio entre o número de partes de cima, de baixo, de peças inteiras e de sobreposições. Não tem problema se não estiver balanceado, você vai poder ajustar ao escolher as complementares.

Peças complementares

Ainda da pilha de peças que ama muito, escolha outras vinte (ou um pouquinho mais) para complementar as dez preferidas do tópico anterior. Se for inverno, prefira roupas mais grossas que protejam do frio, e, se for verão, selecione tecidos leves. Aqui, atente-se ao equilíbrio entre o número de partes de cima, de baixo, de sobreposições e de peças inteiras — isso vai permitir que você crie looks mais variados.

Peças... duvidosas: experimente!

É importante que todas as roupas do seu armário-cápsula sirvam e que você se sinta confortável ao usá-las. Sempre tem uma saia que fica subindo ou uma calça tão apertada que é preciso abrir o botão para a gente conseguir se sentar — #QuemNunca. Peças assim causam mais raiva que bem-estar e não são nada práticas. Talvez seja possível ajustá-las e torná-las mais gostosas de vestir, mas, se não for, pense duas vezes antes de incluí-las no seu armário-cápsula (eu mesma não iria querer...).

Como organizar seu armário-cápsula

Chegou o momento de organizar as peças escolhidas para que você enfim consiga visualizar seu primeiro armário-cápsula. Sugiro guardá-las no mesmo segmento do guarda-roupa, de maneira que, ao abri-lo, estejam todas no seu campo de visão.

Gosto de pôr tudo em cabides, separando por tipos de roupa: primeiro as partes de cima, depois as de baixo, seguidas das sobreposições e das peças inteiras — fica mais fácil montar looks quando sabemos onde está aquilo de que precisamos. Algumas peças, como shorts, são difíceis de serem penduradas, então as deixo dobradas embaixo das partes de baixo.

Também adoro incluir acessórios, como cintos e lenços, nas minhas produções, então os deixo pendurados em ganchinhos na porta do guarda-roupa. No meu caso, eles não entram na contagem de peças, mas se quiser estipular um limite para você é um ótimo sinal de que está empenhada na missão de viver com menos.

Pronto! Aí está seu primeiro armário-cápsula. Agora, todas as manhãs, você pode abrir uma única porta do guarda-roupa e se divertir criando diferentes combinações com as peças que há ali.

Como manter seu armário-cápsula organizado

Garanto que conservar um armário-cápsula em ordem é muito mais fácil do que fazer o mesmo com um armário convencional: depois de usar e lavar uma peça, ponha-a de volta no lugar; como são menos cabides, é mais fácil deixar tudo organizado. Uma dica que dou é não deixar ninguém mexer no seu armário-cápsula — esse cantinho só diz respeito a você, e, se for a única a guardar suas peças, sempre vai saber onde elas estão.

Agora, vamos supor que você sinta falta de alguma roupa que não escolheu ou, de repente, o tempo deu uma esfriada. Nesses casos, substitua uma blusinha daqui por um casaco dali ou simplesmente adicione uma peça ao seu cápsula atual. Tudo bem, sem drama. Esse processo tem que ser leve e divertido — nós já sofremos demais com pressões vindas de todo os lados, então nada de nos culpar porque um armário-cápsula não saiu perfeito de primeira, está bem? Lembre-se de que quanto mais praticar, mais fácil vai ficar — como tudo na vida.

Como usar o seu armário-cápsula

Agora que tem um guarda-roupa prático e funcional, você pode inovar seu estilo próprio fazendo combinações infinitas entre as partes de cima, as de baixo, as sobreposições e as peças inteiras (e ainda usar acessórios para dar mais originalidade aos looks). Lembre-se de que isso de andar "combinandinho" não existe mais, então misture estampas, texturas e modelagens. O que vale é se sentir bem. A seguir, você vai encontrar algumas dicas para estimular a criatividade.

Use e abuse da versatilidade

Qualquer camisa pode ser usada de até vinte formas diferentes. Duvida? Aí vão algumas: aberta, fechada, como tomara que caia, como vestido, como saia... O mesmo vale para outros tipos de peça. Um macacão pela metade vira uma calça, e uma calça unida com alfinetes a uma camiseta vira um macacão. Não se preocupe se alguém achar que é loucura andar costurando calças a camisetas com alfinete por aí. Manda um beijo e siga desfilando!

Misture cores e estampas

Precisamos desapegar da ideia de nos vestir "combinandinho". Hoje em dia, quanto menos nossas roupas combinam, mais combinadas estão. Por isso, minha dica é misturar tudo sem medo de ser feliz: inclua estampas florais e geométricas na mesma produção ou use tons fortes e contrastantes nas partes de cima e de baixo, criando blocos de cor no visual. Vista-se como der na telha, só assim você vai se sentir linda e na moda. Se fazer misturas improváveis for um passo muito grande, em vez de recorrer a combinações com preto ou branco, comece mesclando estampas com peças lisas de outras cores neutras ou até mesmo vivas! Uma boa dica é repetir uma das cores da estampa em outra peça.

Sobreponha muuuitas camadas

Sobreposições são o máximo e dão um toque especial a qualquer composição. Experimente criar camadas com vários tipos de peça — por exemplo, você pode usar um vestido sobre uma calça ou com uma camiseta por baixo — ou tudo ao mesmo tempo!

Deixe os acessórios à vista

Adoro incrementar meus looks com acessórios: ultimamente, os meus preferidos têm sido lenços, que uso na cabeça, no pescoço, amarrados na bolsa, como cinto e até como blusinha. Para não enjoar das suas roupas, inclua diferentes colares, pulseiras, bolsas e cintos nas produções — você pode usar vários acessórios de uma vez, um por cima do outro (como num mix de colares) ou apenas um mais minimalista, se esse for seu estilo. Eles são sempre ótimos aliados e levantam qualquer look.

(Para ganhar uma blusa nova, a dica é dobrar dois de seus lenços preferidos formando triângulos e amarrar todas as pontas!)

11.
Como cuidar das suas roupas

Para durarem mais tempo, nossas roupas precisam ser cuidadas da forma adequada — quanto melhor soubermos tratá-las, mais tempo poderemos usá-las.
Além disso, a maneira como lavamos, secamos e guardamos as nossas peças impacta o ecossistema. Neste capítulo, vou compartilhar dicas preciosas e acessíveis para deixar as suas roupas sempre com aquela "carinha de nova"— e sem prejudicar o meio ambiente.

DECIFRANDO A ETIQUETA DE COMPOSIÇÃO

Saber ler a etiqueta de composição é um bom começo para cuidar melhor das suas roupas. Por mais que muitas vezes nosso impulso seja cortá-la fora para não pinicar, as informações que estão ali são importantes. Afinal, ela não está ali à toa, né? Regulamentada por lei pelo Inmetro, essa etiqueta é obrigatória. Ela traz a composição do tecido, o nome e o CNPJ da empresa e o tamanho do modelo, além de dar instruções (por escrito ou através de símbolos e códigos) para a conservação da roupa. Vamos entender melhor cada uma dessas partes?

A primeira informação que você vai encontrar é o nome e o CNPJ da empresa (normalmente a loja final, que comercializa a peça). Por enquanto, poucas marcas incluem QR codes nas etiquetas, mas, se houver, é possível rastrear dados de toda a cadeia produtiva da roupa (o agricultor da fibra, o fabricante de peça, a modelista...), o que demonstra transparência por parte da marca.

Na sequência, podemos conferir em que país a peça foi fabricada. Lembre-se de que se a produção for local, menos dióxido de carbono é emitido para que a roupa chegue às suas mãos, uma vez que não é necessário transportá-la através de grandes distâncias. Consumir de marcas locais também fomenta a economia do seu país, valorizando o trabalho nacional.

A próxima informação é a composição do tecido, ou seja, as fibras de que ele é feito — o ideal é que sejam as fibras biodegradáveis, que voltam à terra se descartadas corretamente em aterros sanitários, como o algodão, o linho, a seda e a lã. Essas fibras são as mais comuns, porém, infelizmente, quase sempre estão misturadas a outras sintéticas, como o poliéster, a poliamida, o náilon, o acetato e o elastano. No capítulo 7, vimos como esses tecidos prejudicam o meio ambiente, então, de agora em diante, bora fazer um esforço para priorizar roupas de fibras naturais!

Mas é provável que seu armário já abrigue várias peças de fibras sintéticas, certo? Tudo bem, então cuide bem delas. Para isso, você precisa se atentar à segunda parte da etiqueta de composição, que traz instruções de como tratar e lavar a peça. Essas informações nos ajudam a estender o ciclo de vida útil das roupas, fazendo com que durem por muitos e muitos anos. Além disso, sabemos que 20% da pegada de carbono de uma peça de vestuário é proveniente da forma como cuidamos dela,[35] portanto, se certifique de que está fazendo do jeito certo!

A seguir, uma legendinha dos símbolos mais comuns encontrados nas etiquetas de composição.

COMO LAVAR

COMO LAVAR A SECO

COMO ALVEJAR

COMO SECAR

COMO PASSAR

---

35 "Relatório 'Fashion on Climate' aponta dezesseis mudanças urgentes para a moda, mas segue conservador", Modefica, 18 set. 2020. Disponível em: <www.modefica.com.br/fashion-on-climate-report-moda-clima/#.X3XsQmdKh0t>.

Esses símbolos podem vir acompanhados de códigos, que indicam cuidados mais específicos:

PONTINHOS: TEMPERATURA IDEAL DA ÁGUA
1 pontinho indica temperatura baixa; 2 pontinhos, média; e 3 pontinhos, alta.

TRACINHOS OU X: MODO DE MANUSEAR A PEÇA
1 tracinho indica manuseio suave; 2 tracinhos, manuseio muito suave; e X, que a peça não deve passar pelo processo em questão.

Agora é só juntar os símbolos aos códigos, por exemplo:

tigela + 1 pontinho = lavagem em água fria
tigela + 3 pontinhos = lavagem em água quente
tigela + X = não lavar

ferro + 1 pontinho = temperatura do ferro em, no máximo, 110°C
ferro + 3 pontinhos = temperatura do ferro em, no máximo, 200°C

quadrado + 1 tracinho vertical = secar pendurado
quadrado + 3 tracinhos = secar pendurado, sem torcer

Como existem várias possibilidades, você pode consultar este infográfico sempre que surgir alguma dúvida →

LAVAGEM

 processo normal

 processo normal
temperatura média

 processo suave

 processo muito suave

 lavagem manual
temperatura até 40°C

 não lavar com água

ALVEJAMENTO

 permitido todos os agentes
de alvejamento oxidante

 permitido alvejamento
com oxigênio

 não alvejar

PASSADORIA

 máximo 110°C

 máximo 150°C

 máximo 200°C

 não passar

SECAGEM

 tambor
temperatura até 50°C

 tambor
temperatura até 70°C

 não secar em tambor

 secagem em varal

 secagem por gotejamento

 secagem horizontal

 secagem à sombra

LIMPEZA A SECO

 usar tetracloroetileno
ou hidrocarboneto

 usar hidrocarboneto

 limpeza úmida

 processo suave

 processo muito suave

 não limpar a seco

COMO LAVAR

Não é só o tipo de fibra da roupa que influencia o processo de lavagem: o acabamento e a modelagem também são importantes. Cada peça é única! Não sou especialista no assunto, mas resolvi trazer alguns questionamentos sobre o tema e, claro, partilhar dicas que funcionam para mim. Caso você tenha um segredo especial que possa ser útil a mais gente, compartilhe nas redes sociais usando a hashtag #ComQueRoupa. Vai ser incrível trocar figurinhas. :)

Alguns estudos sobre as consequências da etapa de lavagem demonstram que, muitas vezes, a fase de uso das peças gasta mais água e energia que a fase de produção inteira. Além de acelerar o desgaste das roupas, lavagens muito frequentes aumentam o dano que causamos ao planeta. Mesmo que esse comportamento tenha raízes culturais ou comportamentais, a verdade é que pouquíssimas peças precisam ser lavadas sempre que usamos. Por isso, fiz uma tabelinha para mostrar a regularidade com que lavo as roupas aqui em casa:

DICA: para limpar uma calça jeans sem precisar lavá-la, deixe-a dentro de um saquinho de tecido por uma noite no congelador. Sim, você leu certo! Doze horas no freezer são suficientes para matar as bactérias e tirar o cheiro de uso.

CALÇA JEANS: apenas quando está visivelmente suja.*

CALCINHA: sempre que uso.

SUTIÃ: a cada dois ou três usos, se não estiver com suor.

MEIAS: a cada dois usos, de um dia para o outro (nunca guardar sujas).

CAMISAS E CAMISETAS: a cada dois usos, se não estiverem com mau cheiro.

CALÇA SOCIAL: a cada cinco usos ou quando estiver suja.

SUÉTERES E JAQUETAS: quase nunca; apenas se estiverem sujos ou com mau cheiro.

ROUPAS DE ESPORTE: a cada dois usos ou se estiverem com suor.

Cuidando da roupa e do meio ambiente

Conhecendo sua máquina de lavar

Sejamos sinceros: estamos sempre na correria e é muito mais prático (e rápido) lavar roupas na máquina do que na mão. Mas, para não danificar as peças e preservar a sua durabilidade, é muito importante conhecer bem a sua lavadora automática.

Normalmente, usamos apenas as funções básicas: lavagem com sabão, enxágue com água limpa e centrifugação para agilizar o processo de secagem. Além delas, máquinas mais modernas vêm com modos específicos para cada tipo de roupa — por exemplo, podemos aumentar a velocidade de centrifugação de acordo com a retenção de água do tecido (atenção: se a roupa for mais leve, é melhor diminuir a velocidade para evitar estragos) e lavar roupas íntimas no modo delicado, aumentando sua durabilidade.

Outra possibilidade é alterar a temperatura da água. Se sua máquina tiver sistema de aquecimento, tenha em mente que a água quente facilita a lavagem de roupas mais sujas, porém gasta mais energia, além de provocar um maior desgaste nas peças com fibras naturais do que água fria. Por isso, ative esse modo apenas quando for realmente necessário.

Separe as peças por cor

Acredito que todo mundo saiba disso, né? Nunca devemos misturar roupas pretas ou coloridas com peças claras (brancas, bege e off-white), uma vez que estas podem ficar manchadas depois da lavagem. Vale lembrar de sempre ler a etiqueta de composição: alguns tecidos são delicados e exigem lavagem à mão; caso contrário, podem estragar na máquina.

E se manchar?

Uma vez, ao lavar peças coloridas misturadas, manchei de vermelho uma saia amarela que amo. Corri pesquisar na internet um jeito de reverter a situação e achei uma dica maravilhosa, que deu supercerto: mergulhar a roupa em água fervente, com cinco colheres (sopa) de açúcar, e deixar agir até a mancha sumir. Tcharam, saia nova outra vez! Mas vale dizer que o tecido dessa peça era de fibra natural, o que contribuiu para a mancha sair com mais facilidade.

Se a roupa estiver com manchas de sujeira ou comida em lugares específicos, você pode lavá-las à mão em vez de pôr a peça inteira na máquina. Para esses casos, tenho uma escova de dente antiga, que fica embaixo da pia do banheiro: molho a parte suja da peça, pingo um pouquinho de sabão de coco na escova e esfrego até tirar a mancha. Você pode substituir a escova por uma toalha ou esfregar na mão mesmo. Depois, é só pôr a roupa para secar. Esse macete impede que ela seja lavada à toa, evitando desgaste, água e energia desnecessários.

Por melhor que saibamos cuidar das nossas peças, manchá-las é inevitável. Apesar disso, temos o costume de ser intolerantes e de descartar a roupa de imediato ao notarmos uma manchinha permanente. Mas já pararam para pensar que a presença de manchas significa que usamos muito bem determinada roupa? Por que não encará-las, orgulhosas, como sinais de bom uso?

Máquina cheia

Acumule roupas da mesma categoria para usar a capacidade total da sua máquina na hora da lavagem. Ligá-la com frequência gasta mais água, energia e dinheiro, já que reflete na sua conta de luz ao final do mês.

Sabão biodegradável

A maioria dos sabões em pó que encontramos no mercado vêm repletos de substâncias químicas e agentes branqueadores à base de cloro, por isso são altamente tóxicos. Na hora da lavagem, essas substâncias caem na corrente de água, poluindo os rios. A boa notícia é que estão surgindo por aí marcas de sabão 100% biodegradáveis. Para identificá-los, é só procurar o termo "linear" e a indicação "tensoativo biodegradável" no meio dos vários nomes complicados no rótulo das embalagens.

Por serem novidade, as marcas de sabão biodegradável ainda possuem um preço maior que as convencionais. Então, se você pode apoiar tais marcas, faça isso! Quanto mais gente compra, mais o preço barateia.

Sabão natural, caseiro e lixo zero

A opção mais barata e sustentável que existe para lavar suas roupas é o sabão caseiro. Além de ser ótima para lavar peças de bebê — uma vez que é totalmente natural, evitando alergias e irritações na pele —, essa receita não prejudica o meio ambiente, pois não possui agentes químicos nem embalagem plástica para jogar fora quando o produto acabar. E, como é você quem faz, tem total autonomia para fazer sempre que precisar.

1 barra de sabão de coco
1 xícara (chá) de bicarbonato de sódio
10 gotas de óleo essencial de lavanda (caso não inclua esse ingrediente, as roupas vão ficar com cheirinho de sabão de coco, que também é uma delícia)

Use um ralador para ralar a barra de sabão de coco. Em uma tigelinha, adicione o bicarbonato de sódio e as gotinhas de óleo essencial. Misture e ponha tudo em um pote de vidro.
No momento da lavagem, use cinco colheres (sopa) da mistura para uma máquina de dez quilos cheia.

Spray de limpeza

Esse produto inovador está cada vez mais popular.
Os sprays de limpeza impedem a proliferação de bactérias e fungos e criam uma barreira protetora contra a sujeira e o mau cheiro, evitando várias lavagens desnecessárias.
Aqui em casa, borrifo nas roupas que acabaram de ser usadas e que ainda não precisam ser lavadas, e, depois, as deixo respirando no cabide por um tempinho.
Existem inúmeras receitas caseiras de spray de limpeza, mas aqui vai a minha favorita.

1 colher (sopa) de bicarbonato de sódio
2 copos de água quente filtrada
10 gotas de óleo essencial (uso o de melaleuca, ótimo bactericida e fungicida, mas você pode usar o da sua preferência)

Misture tudo, ponha em um borrifador e pronto! Deixe no armário e aplique nas peças depois de usá-las.

Removendo pelos

Se você tem animais de estimação, é provável que suas roupas fiquem cheias de pelo. Nesses casos, adquirir uma escova removedora de pelos pode ser uma ótima opção para economizar água e energia.

Lavando no chuveiro

Não há necessidade de pôr calcinhas na máquina se podemos lavá-las rapidinho enquanto tomamos banho, concorda? Deixe um potinho com um pouco de sabão de coco ralado no box do chuveiro e lave suas roupas íntimas enquanto o condicionador está fazendo efeito ou no momento de se ensaboar. Incorporar esse pequeno hábito à sua rotina preserva o estado de conservação e a durabilidade das suas lingeries.

Lavagem a seco

Roupas mais delicadas geralmente vêm com a instrução de lavagem a seco. Esse processo de limpeza não envolve água, mas solventes químicos, que não deformam nem encolhem as peças, mas são, como o próprio nome diz, substâncias nocivas ao meio ambiente e ao nosso organismo.

O percloroetileno (PERC) é o tipo de solvente mais usado na lavagem a seco e, ao ser liberado no ar ou na água, contamina o meio ambiente e põe em risco a saúde de quem o inala, podendo provocar vertigem, tontura, dor de cabeça e até mesmo alguns tipos de câncer.

Métodos mais sustentáveis de lavagem a seco estão sendo desenvolvidos, mas ainda são pouco acessíveis. Portanto, a melhor opção é se certificar de que a peça realmente necessita desse tipo de lavagem.

Tecidos mais resistentes, como o algodão e o poliéster, não estragam se postos na máquina, basta selecionar o ciclo com água fria e rotação suave. Além disso, muitas peças delicadas cuja indicação é a lavagem a seco podem ser lavadas na mão, com cuidado e atenção, utilizando água fria e detergente natural.

No caso das roupas com bordado, podemos lavá-las normalmente se estiverem protegidas dentro de um saco ou de uma fronha. Se a lavagem a seco for de fato necessária, é melhor levar a peça a uma lavanderia especializada, assim os riscos de danificá-la são menores.

COMO SECAR

Algumas pessoas se acostumaram a usar a secadora, mas ela é totalmente dispensável. Além de desperdiçar energia elétrica, os métodos de secagem artificial podem desgastar as roupas, encurtando o seu ciclo de vida útil. Portanto, nada melhor para secar uma peça do que calor e vento naturais!

Outra dica poderosa para preservar suas roupas é pendurar as peças escuras em lugares onde não bata sol diretamente, evitando desbotamentos. Se usar prendedores, tome cuidado para que não deixem marcas.

Sempre tem aqueles dias em que precisamos urgentemente de uma peça e não podemos esperar o tempo de secagem natural. Nesses casos, uso o secador de cabelo ou deixo a peça em frente ao ventilador para acelerar o processo.

COMO PASSAR

Imagino que a maioria das pessoas tenha o hábito de passar as roupas antes de guardá-las. Você sabia que esse processo gasta a mesma quantidade de energia consumida durante a lavagem? Sem contar o precioso tempo em que poderíamos estar fazendo outra coisa em vez de alisar montanhas de tecido.

Na nossa cultura, roupas amassadas são sinônimo de desleixo, mas será que precisamos mesmo passar todas as peças que lavamos? Na minha casa, aboli o ferro de passar e só revogo a regra se for extremamente necessário. Outro dia, ao vestir uma saia que amarrota na primeira sentada, pensei: "Por que raios vou perder meu tempo passando uma peça que vai ficar amassada em segundos?". Assumi o estilo "desleixado" da saia. Resultado: ninguém notou, e eu fiquei orgulhosa de aproveitar melhor o meu tempo.

Dicas para passar roupas melhor e mais rápido

Passando tecidos delicados

Já perdi roupas especiais por não saber passar tecidos mais delicados, então, para que isso não aconteça com você, vou contar um truque que aprendi com minha mãe: ponha uma toalha ou lençol fino em cima desse tipo de peça antes de usar o ferro, assim ela estará protegida por uma camada extra contra o calor.

Passando roupas no banho

Quando não houver um ferro à mão e você estiver sem tempo de passar a roupa, o truque é pendurá-la em um cabide no banheiro e tomar banho com todas as saídas de ar fechadas. O vapor desamassa a roupa, deixando-a bem lisinha — é mágico e supersustentável!

SOBRE GUARDAR

Aí vão algumas dicas para guardar as principais peças que temos no armário:

CALÇAS JEANS: pendure em cabides resistentes ou faça rolinhos; dobrar pode formar vincos nas fibras do tecido, danificando as peças.

CALÇAS SOCIAIS: pendure em cabides para evitar que amassem; caso não haja espaço, dobre cada peça de acordo com a sua linha de corte.

SHORTS E SAIAS: dobre uma vez só ou pendure em cabides usando aqueles prendedores que mantêm a peça esticada.

CAMISAS: pendure em cabides.

CAMISETAS: faça rolinhos.

BLUSAS DE LÃ: dobre ou, caso não as use com frequência, guarde em saquinhos de tecido; nunca use cabides — com o tempo, eles deformam a peça.

Roupas guardadas por muito tempo

Por mais desapegadas que sejamos, às vezes temos peças que não usamos tanto assim, mas que não temos coragem de descartar, como vestidos de festa e ternos. Essas roupas ficam no fundo do armário, sendo visitadas por traças, acumulando mofo e adquirindo manchas amareladas, principalmente se você, assim como eu, vive em uma região úmida. É sempre bom lembrar de que os tecidos também precisam respirar, então, de tempos em tempos, deixe-os ao sol tomando um ar. A seguir, dicas para lidar com situações indesejadas, mas comuns:

TRAÇAS: aconselho a contratar o serviço de dedetização para o local onde as roupas estavam; quando for guardá-las outra vez, coloque-as em saquinhos de tecido (de preferência, algodão) para que possam respirar.

MOFO: ponha em uma caixinha aberta um pouco de giz de lousa no local com tendência a mofo, ou embrulhe-os em tule e espalhe-os pelo armário; quando ficarem escuros e úmidos, é só lavar, deixar secar ao sol e reutilizar — o giz é um grande aliado contra o mofo, absorvendo-o e evitando que se espalhe.

AMARELADAS: misture ½ xícara (chá) de suco de limão com 3 litros de água fervida, deixe a peça de molho por duas horas e, depois, lave-a normalmente; roupas brancas tendem a ficar amareladas quando guardadas por muito tempo, mas suco de limão ajuda à beça nesses casos!

Como conservar
bijoux e joias

É comum que bijuterias e joias fiquem escuras ou encardidas depois de um tempo de uso. Então, aí vai uma receita rápida para deixá-las com carinha de novas outra vez.

½ litro de água morna
1 colher (chá) de vinagre de álcool
1 colher (chá) de bicarbonato de sódio
1 escova de dente velha

Em um recipiente, misture a água, o vinagre e o bicarbonato e, em seguida, mergulhe as bijuterias por cerca de quinze minutos. Com a escova, escove os cantos escuros das peças ainda molhadas. Mergulhe-as na solução mais uma vez, depois as deixe secar ao ar livre. Se necessário, use um secador de cabelo para acelerar o procedimento.

12.
Como descartar suas roupas

Imagino que o processo de imersão no próprio armário tenha feito você perceber que não precisava de tantas peças quanto possuía. Espero também que tenha conseguido desapegar e tirar do guarda-roupa tudo o que não usa mais, seja porque está velho ou porque não faz mais sentido na sua vida. Agora, prepare-se para uma nova etapa: o descarte correto dessas roupas.

Várias vezes, ao andar pela rua, deparei com sacos cheios de roupa no lixo. Sim, sou dessas pessoas que reparam no descarte alheio (já até levei para casa uma cadeira, um tapete, um quadro e umas roupas quase novas). Muita gente acha que deve jogar fora peças que não quer mais e que elas desaparecem num passe de mágica quando vão para a rua. Mas não é bem assim.

A maioria das peças que vão para o lixo são encaminhadas para aterros e, mesmo quando se trata de espaços preparados de forma adequada para receber descartes, as fibras têxteis se desfazem ao longo do tempo, liberando gás de aterro.

Sabendo disso, não cabe mais a gente adotar a mentalidade de que "o velho vai para o lixo". Os nossos resíduos, apesar de não parecer, permanecem no planeta, que vai definhar se a gente não mudar a nossa forma de pensar. As roupas que vão parar nos aterros e nos lixões, na maioria das vezes, poderiam ter uma longa vida pela frente e fazer muitas pessoas felizes.

A lição que fica é: jogar uma peça no lixo interrompe o seu ciclo de vida útil e quebra uma corrente de felicidade com a outra pessoa que poderia continuar fazendo uso dela. Existem outros destinos para essas roupas, e a lata de lixo é a última alternativa. "Tá bom, Giovanna, já entendi a mensagem! Mas, então, o que faço com as peças que não quero mais na minha vida?". Monte pilhas... (É a última vez, prometo!)

Junte todas as roupas que tirou do armário e que não quer mais usar, separando-as em três categorias: 1. peças em bom estado de conservação; 2. peças velhas: manchadas, com bolinhas, rasgadas ou esgarçadas; e 3. peças íntimas (calcinhas, sutiãs e meias). Vamos entender o que podemos fazer com cada um desses montinhos.

PEÇAS EM BOM ESTADO DE CONSERVAÇÃO

São aquelas peças que, apesar de usadas, estão com carinha de novas e têm uma vida longa pela frente. O que é velho para você pode ser novo para outra pessoa, então é sua responsabilidade pôr essas roupas para circular e dar um novo destino a elas. A seguir, vou apresentar várias opções de como fazer isso. Escolha a que fizer mais sentido na sua realidade.

Vender

Comercializar as peças que não usa mais é uma ótima maneira de fazê-las rodar por aí e ainda conseguir uma graninha extra. A dica-chave é selecionar as roupas de maior valor agregado, seja pela marca, modelagem ou estação. Para definir um preço justo para cada uma, pesquise na internet peças e marcas similares. Nos próximos tópicos, você vai encontrar os tipos mais comuns de venda e seus prós e contras.

Venda presencial

Em brechós

Os brechós sobrevivem da comercialização de roupas usadas, portanto são ótimos lugares para ir quando precisamos nos desfazer das nossas. Para aumentar suas chances de venda, lembre-se de que existem vários perfis de brechós. Vá aos que mais combinam com as suas peças — se forem bem antigas, visite brechós vintage, por exemplo. Quando chegar, é só entregar a sua sacola de roupas e pronto: eles farão a curadoria, decidirão o que têm interesse em comprar e, na maioria das vezes, também definirão o preço a pagar.

PRÓS: é prático e você pode vender várias peças de uma vez.

CONTRAS: eles têm mais poder de barganha que a gente, então talvez você não venda tudo ou não concorde com os preços de compra.

Em bazares

Sempre que posso, vendo minhas roupas em bazares. É como brincar de lojinha por um dia: você leva tudo o que quer vender, monta e decora o seu espaço e define os preços. Adoro ver minhas peças indo embora e fazendo outras pessoas felizes — a troca que acontece entre os compradores e os participantes do bazar é uma delícia, e o dia passa em um piscar de olhos.

PRÓS: se os preços foram acessíveis, você vende quase tudo de uma vez e recebe o dinheiro na hora.

CONTRAS: é preciso ter bastante tempo disponível para organizar tudo e ficar à disposição dos clientes do bazar.

Para as amigas

Um bazar de roupas pode ser uma ótima desculpa para reunir as amigas em casa, tomar um vinho e fofocar. Prepare o ambiente com uma boa música, bebidas e comidinhas e precifique suas peças com antecedência para não dar confusão na hora de vender.

PRÓS: a sensação de saber que as pessoas que darão vida nova às suas peças são suas amigas.

CONTRAS: você vai precisar de tempo e planejamento para organizar esse minievento.

Dica para fotos mais atrativas

Fotos boas aumentam a probabilidade de venda das suas peças. Use um cabide bonito para pendurar as partes de cima em uma parede branca — você pode aproveitar o prego de um quadro ou instalar um específico para isso. Escolha um local com bastante luz natural para melhorar ainda mais a qualidade da foto. Quanto às partes de baixo, aos acessórios e aos sapatos, ponha-os sobre uma superfície lisa ou mesmo no chão do seu apartamento. E que tal incrementar o cenário com um vasinho de planta?

Dica para vender melhor

Para que você possa cobrar um bom valor por seus itens, é importante que as roupas estejam lavadas e cheirosas e que os sapatos estejam lustrosos e com solas limpas. Se houver uma peça danificada, conserte antes de colocar à venda.

Venda on-line

Em sites de compra e venda

Existem vários sites que nos permitem montar nossa própria lojinha de roupas usadas, basta tirar foto das peças, fazer o upload e esperar que alguém se interesse por elas. Caso sejam vendidas, você põe as roupas no correio e recebe o pagamento na sua conta on-line. A comissão de venda que esses sites estipulam varia de 20% a 50%, de acordo com o serviço contratado — por exemplo, se o trabalho de fazer o upload das fotos ou ir até o correio ficar a cargo dos funcionários do site, a comissão exigida será maior.

PRÓS: é você que define o preço de venda das peças.

CONTRAS: todo o processo dá um trabalhinho, mas, se houver tempo livre, é até divertido; você pode escutar uma música ou podcast enquanto cadastra suas peças no site e encarar a ida ao correio como o exercício físico do dia.

Nas redes sociais

Bora usar a conectividade da internet a nosso favor. Poste nas redes sociais as fotos e os preços de tudo que está vendendo e peça para as pessoas interessadas mandarem uma mensagem privada para você. Depois, é só negociar a entrega e a forma de pagamento.

PRÓS: 100% do lucro é seu.

CONTRAS: o trabalho de fotografar, postar, gerenciar os pedidos, cobrar e se certificar dos pagamentos e entregar a peça ao novo dono.

Trocar

Por que comprar roupas novas se é possível trocar as antigas com amigas e familiares, enchendo o armário de peças fresquinhas sem gastar nada? Você pode fazer isso com todos os itens que não usa há muito tempo e que ocupam espaço, acumulando poeira na sua casa.

O processo é bem simples: tire do guarda-roupa o que não usa mais, encontre alguém que tenha interesse na peça e que possua outra que faça mais sentido na sua vida, e troque! Está precisando de uma roupa para uma festa de casamento? Proponha à sua prima trocar o vestido lindo que ela já usou em outra ocasião por um do seu armário que seja a cara dela.

Essa moda pegou e está se espalhando pelo mundo inteiro através de eventos presenciais, grupos nas redes sociais, sites e aplicativos. A seguir, os tipos de troca mais comuns no Brasil:

Troca presencial

Existem diferentes eventos de troca, mas o que todos têm em comum é que você troca o que não usa mais, de forma rápida e gratuita, com outros participantes. Essas experiências acontecem em várias cidades do Brasil, mas, se ainda não chegaram à sua, você mesma pode idealizar um evento de troca na sua região. Se essa ideia for um pouco assustadora, comece reunindo amigas e familiares para trocar e animar esse movimento.

PRÓS: não preciso nem dizer que esse é meu jeito preferido de descartar peças, né? Poderia escrever outro livro sobre como esses eventos são especiais, mas vou só ressaltar que ver alguém feliz com uma roupa que era minha é muito significativo para a minha experiência de vida. Além disso, as pessoas têm estilos diferentes, o que nos possibilita encontrar todos os tipos de roupa para trocar.

CONTRAS: exige planejamento para separar as peças.

Como organizar o seu próprio evento de troca

Realizar trocas de roupa desde 2013 me transformou em uma verdadeira expert em eventos desse tipo (modéstia à parte). Ao longo dos anos, eu e minha sócia Raquel Vitti Lino fomos entendendo como deixar a experiência do Projeto Gaveta mais interessante, realizamos mais de dez edições em São Paulo e no Rio de Janeiro, e o Gaveta se tornou referência no mercado de roupa circular.

Devido a questões financeiras e logísticas, não foi possível levar esse projeto ao Brasil inteiro, mas sentimos que a nossa missão foi cumprida — o sonho de ver cada vez mais eventos de troca pipocando pelo país está se tornando realidade. Por essa razão, com o aval da Raquel, resolvi contar, tintim por tintim, como funciona o Gaveta, na esperança de que você abrace o movimento e realize o seu próprio evento de troca de roupas.

Primeira parte: decidindo questões práticas

Número de participantes: esse ponto vai depender do tamanho da sua equipe de apoio. Organizar um evento grande dá um trabalho danado, e, se você tiver que ficar levando roupas para lá e para cá sozinha, vai ficar maluca. Se não houver mais ninguém para ajudar, aconselho a convidar, no máximo, trinta participantes.

Quantidade de peças: no primeiro evento do Projeto Gaveta, os participantes levaram malas e malas de roupas, e nós quase enlouquecemos. Depois desse episódio, definimos que cada pessoa poderia levar até trinta peças nas próximas edições. Se estiver organizando tudo sozinha, acredito que dez peças sejam um bom limite.

Data e local: estipule o dia e o lugar da troca com antecedência para que os convidados tenham a oportunidade de se programar. Lembre-se de que, quanto mais espaçoso for o local, mais agradável se tornará a experiência de troca.

Dinheiro: a circulação das peças não envolve dinheiro, mas você pode cobrar uma pequena taxa de participação de cada convidado pelo serviço de organização e pelo tempo investido preparando tudo. Também é possível tentar uma parceria com marcas que topem patrocinar a ação.

Tabela de conversão: é preciso monetizar as peças de alguma forma. No Gaveta, temos moedinhas e uma tabela de conversão. O "valor" da peça depende da quantidade de tecido — shorts, blusas, camisas e acessórios valem 1 moeda; sapatos, bolsas, calças e vestidos valem 2 moedas; e casacos de frio valem 3 moedas. Você pode determinar trocas de 1 para 1, facilitando as transições ou escolher um critério de conversão da sua preferência.

Segunda parte: divulgando o evento

O sucesso do evento depende da sua divulgação, portanto não meça esforços nessa etapa. Faça um convite on-line bem atrativo, com data e local definidos, poste nas redes sociais, mande para os amigos via WhatsApp e peça que eles compartilhem. Também vale criar um evento no Facebook. Explique passo a passo como tudo vai funcionar e, quando o evento estiver se aproximando, envie também fotos de algumas das peças disponíveis na rede de troca para gerar burburinho e estimular as pessoas a participar.

Terceira parte: recolhendo as peças

Raquel e eu percebemos que recolher as peças antes do evento nos ajuda a fazer uma curadoria melhor e mais cuidadosa, além de aumentar o comprometimento dos convidados com a data.

Normalmente, pedimos que as peças sejam entregues com uma ou duas semanas de antecedência em um local pré-divulgado, mas, se você não tiver espaço nem tempo, diga aos participantes que cheguem uma hora antes da troca para que as peças sejam avaliadas. Nesse caso, aconselho a estipular um número pequeno de roupas por convidado, para que você dê conta de todas sem grandes problemas.

Aproveite o momento para informar a quantidade de roupas a que a pessoa terá direito ou dar a ela as moedas de troca correspondentes ao número de peças que trouxe. Para ficar mais organizado, você pode enviar um e-mail prévio contando quantas moedas a pessoa tem e como funcionará a troca.

Quarta parte: realizando a curadoria

Essa etapa vai definir a atratividade das peças disponíveis no seu evento, então selecione apenas roupas em bom estado de conservação: ficam de fora peças manchadas, com bolinhas e desgastadas pela lavagem. Também é importante conferir se todos os botões estão presentes e se o zíper fecha corretamente. Não é porque estamos lidando com roupas usadas que elas podem ser velhas ou danificadas. Uma boa curadoria garantirá o sucesso e a recorrência do seu evento de troca.

Quinta parte: organizando o local

Um dia antes do evento, prepare-se para arrumar o espaço da troca. Alugue ou empreste araras e cabides para pendurar as peças e use caixas de feira, mesas e escadas para apoiar outros itens e ajudar na ambientação. Separe as roupas por categoria, como cores e tamanho. Pense por onde os participantes vão entrar e por onde vão sair. Lembre-se de que, quanto mais organizado for o espaço, melhor será a experiência de troca.

Sexta parte: trocando as peças

Chegou o grande dia! Estipule um horário para que todos os convidados entrem na troca ao mesmo tempo e ninguém se sinta prejudicado. Se o número de participantes for muito grande, organize dois turnos de troca. Nesses casos, é importante haver uma reposição de roupas para que o segundo grupo não fique para trás.

Você vai precisar de uma equipe (vulgo amigos) para receber as pessoas na entrada e para contabilizar as peças na saída. Ainda na porta, dê aos participantes uma breve instrução sobre como funcionará o evento: quanto tempo terão para a troca, como as roupas estão separadas e de que maneira será feita a contagem das peças.

É importante frisar que normalmente sobram algumas fichinhas na mão dos convidados. Não é porque tiraram trinta peças do armário que precisam pôr trinta de volta, né? O que vale é levar apenas o que for usar, de modo consciente e sustentável. Caso sobrem roupas ao final do evento, doe para uma instituição beneficente ou para pessoas em situação de vulnerabilidade, assim 100% das peças ganharão novos donos.

Não se esqueça de compartilhar todo o processo usando a hashtag #ComQueRoupa! Vou adorar ver a sua versão do evento.

Troca on-line

Grupos de redes sociais ou aplicativos específicos de troca

O consumo colaborativo ganhou força com a ajuda da internet, que nos permitiu trocar ideias e nos organizar com mais facilidade. Trata-se de um movimento sem fins lucrativos, em que as pessoas criam grupos on-line de interesses em comum, entre eles, a troca de roupas usadas. Já existem centenas de grupos com esse intuito. Pesquise alguns na internet e faça parte, ou crie o seu próprio grupo.

PRÓS: se apaixonar por uma peça na comodidade do sofá — quase um Tinder das roupas!

CONTRAS: talvez você não goste das suas opções de troca, mas não se sinta forçada a nada. Lembre-se de que só vale a pena adquirir peças que vão ser bastante usadas. Também é preciso combinar a troca através de um encontro presencial ou do envio pelo correio.

Presentear

O hype do momento é presentear pessoas queridas com peças do seu próprio armário — já pensou em dar aquela saia estampada para a sua amiga que ama roupas coloridas? O casaco pesado que você nunca usa pode ser perfeito para o seu irmão que está se mudando para uma cidade mais fria. Faça um cartãozinho fofo contando por que eles vão aproveitar a peça melhor do que você. Com certeza, será um presente inesquecível que os fará se sentirem amados e especiais por terem sido lembrados, e, sempre que alguém elogiar, vão contar que foi você quem deu; afinal, boas histórias são valorizadas não só no universo da moda sustentável, mas também nos nossos relacionamentos afetivos.

Doar

Existe muita gente precisando de roupas. A boa notícia é que também existem peças o bastante para suprir a população do mundo todo. Várias ONGs e projetos fazem uma ponte entre quem quer doar e quem precisa receber. Se não conhece nenhum, procure orfanatos e igrejas próximos à sua casa ou entregue direto às comunidades e grupos em situação de vulnerabilidade social da sua região. Essa última opção faz bem para ambas as partes porque nos permite uma troca de tempo e atenção com pessoas que muitas vezes se sentem invisíveis na sociedade.

Vale ressaltar que precisamos ter senso crítico em relação às roupas que vamos doar — nada de incluir peças manchadas ou rasgadas. As pessoas que estão em situação de vulnerabilidade também têm de se vestir com dignidade.

PEÇAS VELHAS

Mesmo roupas manchadas, rasgadas, desgastadas e com bolinhas podem ter uma vida longa pela frente. A seguir, opções do que fazer com essas peças.

Customizar

As possibilidades são infinitas: vestido rasgado vira saia, calça vira shorts, camiseta velha com estampa bonita vira capa de almofada e camisa colorida vira forro de cúpula de abajur ou capa de caderno. Dê asas à imaginação e torne-se uma adepta do trabalho manual — uma ótima forma de meditação e pacificação da mente.

Transformar

Se não estiver a fim de customizar suas peças, transforme-as em utensílios para limpar a casa: panos de chão, de pia, de vidros e por aí vai.

Reciclar

No processo de reciclagem, o tecido é desmanchado, transformando-se outra vez em fibras, que são usadas como matéria-prima na fabricação de novos tecidos. Na maioria dos casos, acontece o que chamamos de *downcycling*, quando os fios perdem um pouco da sua qualidade original, por isso são empregados na produção de peças mais rústicas, como cobertores, forros de sofá, entre outros.

Segundo a Política Nacional de Resíduos Sólidos (PNRS), os consumidores são os responsáveis pelo descarte consciente e sustentável, mas não devem ser os únicos: as empresas também têm de se comprometer com o que acontece no pós-consumo de seus produtos. Algumas marcas, inclusive, desenvolveram planos de coleta de resíduos para a reciclagem — a famosa logística reversa. No Brasil, ainda há poucas iniciativas nesse sentido, mas algumas marcas já disponibilizam caixas de reciclagem nas suas lojas para que os clientes possam depositar as peças que não querem mais, independentemente da marca.

PEÇAS ÍNTIMAS

O que fazer com meias, calcinhas e sutiãs? Acreditem, ainda assim existem outros destinos para essas peças que não o lixo.

Meias

A Puket, marca brasileira, criou o movimento #MeiasDoBem, em que as pessoas depositam suas meias velhas em urnas encontradas nas lojas da marca, espalhadas por todo o Brasil, e o material arrecadado é transformado em cobertores para pessoas necessitadas ou em situação de rua.

O que fazer com tecidos aleatórios?

Talvez você tenha pedaços ou rolos de tecido, forros de mesa e sofá, cortinas ou toalhas que não queira mais. Para descartar esse material, recorra à iniciativa Banco de Tecido, com lojas em São Paulo, Curitiba e Porto Alegre. Ao entregar o material parado na sua casa, você ganha créditos para retirar tecidos novos quando quiser — uma ótima alternativa para quem está pensando em criar uma marca!

Calcinhas e sutiãs

No exterior, existem várias iniciativas e empresas que reciclam essas peças, transformando-as em combustível industrial e até estofado de carro, mas no Brasil esse movimento ainda está começando. Para facilitar, minha dica é cortar suas calcinhas e sutiãs em vários pedacinhos e usá-los como enchimento de travesseiros, almofadas e caminhas de pet. Já pensou uma almofada feita por você mesma a partir de calcinhas?
Acho chique!

13.
Como fazer pequenos ajustes e transformações

Às vezes descartamos uma peça porque não enxergamos seu potencial de transformação. Achamos que uma calça apertada demais não pode ser reaproveitada e que um vestido de modelagem estranha foi um péssimo investimento. Consertar as peças do nosso armário é cada vez mais raro dentro do mundo consumista em que vivemos.
A maioria das pessoas vive num imediatismo em que comprar uma roupa nova é mais rápido do que procurar uma costureira, levar a roupa até ela e passar por algumas sessões de prova.

A habilidade de realizar pequenos ajustes e transformações se perdeu. Antes, toda família tinha uma máquina de costura, normalmente usada pela matriarca, mas, com o empoderamento feminino e a entrada da mulher no mercado de trabalho, essa atividade foi deixada para trás. Depois passamos a contratar costureiras profissionais para ajustar as nossas roupas.

Lembro de que, quando eu era criança, Amélia, a costureira da nossa família, fazia roupas especiais para passarmos as datas comemorativas. Eu e minha mãe a visitávamos quase todos os meses, e a produção tinha várias etapas: primeiro, escolhíamos o modelo folheando inúmeras revistas de moda e, em seguida, íamos à loja de tecido. Depois, precisávamos realizar algumas provas até que a roupa ficasse pronta. A espera era cheia de expectativa e alimentava o desejo de ver a peça finalizada. Esse costume infelizmente se perdeu ao longo dos anos, quando as lojas começaram a disponibilizar novas coleções com preços mais acessíveis.

Percebi essa impessoalidade quando me mudei para o Rio de Janeiro e passei meses tentando encontrar uma costureira. Perguntei a vários amigos próximos, mas ninguém soube me informar. Saudades de quando todo mundo tinha a melhor costureira do mundo para indicar. Essa profissão está em vias de extinção, e cabe a nós não deixar que ela desapareça.

Precisamos mudar a nossa visão de mundo e valorizar a possibilidade de dar vida nova a um item, impedindo que ele vá para o lixo (até porque tudo que jogamos "fora" ainda está "dentro" deste planeta abarrotado de coisas).

Essa mentalidade de reúso não se aplica apenas a roupas, mas a eletrônicos, eletrodomésticos, acessórios, veículos e tudo o que pode ser consertado. Na Suécia, um dos países mais sustentáveis que existem, o governo inclusive oferece benefícios fiscais para incentivar o reparo de coisas usadas. E deveria ser assim no mundo todo: modelos de negócios que freiam a produção e o consumo deveriam receber incentivos governamentais.

Neste capítulo, vou dar dicas simples para transformar as peças do seu armário em roupas totalmente novas, diminuindo o consumo, economizando dinheiro e contribuindo para um planeta mais saudável e com menos lixo. As dicas dadas aqui podem ser feitas por você mesmo ou por uma costureira parceira — vai depender das suas habilidades manuais. ;)

A diferença entre consertos e reformas

Os consertos ou ajustes dizem respeito a pequenos consertos — como costurar um furo, cerzir um rasgo, fazer uma barra, apertar algo que esteja largo, fixar um botão que se soltou ou substituir um zíper que não funciona bem — e podem envolver diversas técnicas, por exemplo: arremates, reparos e aplicações.

Já as reformas ou transformações mudam o formato da roupa, deixando-a diferente do que era originalmente. Esse procedimento ficou conhecido na moda sustentável como *upcycling* (conversamos bastante sobre ele na página 28).

Uma caixinha de costura para chamar de sua

Um armário sustentável que se preze precisa de uma caixinha de costura com linhas de várias cores, agulhas, alfinetes e uma boa tesoura. Essas ferramentas nos dão autonomia para realizar ajustes pequenos e emergenciais sem grandes problemas — não há segredo para costurar com linha e agulha, mesmo se você não tiver muita habilidade em trabalhos manuais. Além disso, alfinetes são ótimos para fechar rasgos e substituir zíperes quebrados, deixando a roupa com uma estética descolada (que eu particularmente adoro!).

DISFARÇANDO O QUE NÃO DÁ PARA CONSERTAR

Eu tinha um casaquinho mostarda no armário que era uma das minhas únicas peças adequadas ao leve inverno carioca. Eu o vestia quase todos os dias, já tinha se tornado uma marca no meu estilo. Era minha peça xodó. Um dia, brincando no parquinho com minha filha, o casaco furou, e me lembro que fiquei superchateada. Nos dias seguintes, não só continuava chateada, como aquela peça me fazia falta no armário, já que não tinha nada para repor (e nem queria). Decidi dar um jeito e me lembrei das habilidades que adquiri on-line no Clube do Bordado (@clubedobordado). Tive a ideia de cobrir o furinho com um pompom. Me empolguei e costurei pompom na peça toda e ficou linda, completamente diferente. Ganhei um casaco "novo" de graça e feito por mim!

Portanto a minha dica aqui é: não é necessário se desfazer de uma peça só porque não dá para consertar. É hora de colocar a criatividade (e referências) na mesa e enxergar o potencial de transformação ali. E você mesmo pode fazer os ajustes à mão ou usando máquina de costura.

QUANDO A CALÇA FICOU PEQUENA

Ao longo dos anos, nosso corpo passa por várias mudanças, seja devido a alterações de peso, gravidez ou cirurgias. Quem nunca guardou uma calça na esperança de que um dia ela voltasse a servir? Se você tem uma assim no armário, é hora de usá-la! Para aumentar o tamanho da calça, desfaça as costuras e use o mesmo tipo de tecido para substituir a parte de cima e aumentar as laterais. Veja a ilustração a seguir para entender melhor o processo.

COMO GANHAR UM JEANS NOVO SEM COMPRAR NADA

Em um evento do Projeto Gaveta tivemos um workshop de customização com a Mig Jeans (@migjeans), marca de *upcycling* de jeans de três mulheres maravilhosas: Isa, Luana e Mayra. Podíamos levar alguma peça jeans que estivesse parada havia tempos no armário para elas transformarem gratuitamente. Levei então uma jaqueta que tinha uma modelagem estranha e que eu nunca tinha usado. Não é exagero: elas fizeram mágica com a jaqueta. Cortaram as mangas, transformando-a em um colete, desfiaram o tecido inteiro, pintaram com estampas gráficas. Amei tanto aquela peça que vi nascer que desde então se tornou uma das minhas favoritas no armário.

Com as mulheres da Mig Jeans aprendi que uma peça jeans pode virar qualquer coisa, basta criatividade, mão na massa e os materiais certos. Para cortar usamos tesoura; para desfiar o tecido podemos usar ralador, garfo ou até lixa de pé. Calça jeans também pode virar shorts se cortar as pernas, ou então saia, desfazendo a costura das pernas e depois refazendo-as de modo que as duas partes fiquem unidas.

Portanto, nada de deixar um jeans parado por muito tempo no armário: a internet está cheia de referências de transformação com esse tipo de tecido, que além de versátil é resistente o suficiente para durar uma vida toda.

VESTIDOS QUE VIRAM SAIAS E BLUSINHAS

Está com aquele vestido de estampa linda, mas modelagem estranhíssima parado no armário? Se você cortar ao meio ele vira uma blusinha e uma saia. O comprimento da parte de cima pode variar, formando um cropped ou até uma blusa mais larguinha (uma boa dica é cortar uma linha reta na vertical no centro da blusa, criando duas pontas, e depois amarrá-las na frente com um nozinho). A saia pode ser de cintura alta ou de cintura baixa — se escolher a primeira opção, talvez seja necessário costurar um cós de outro tecido para que ela fique mais justa.

SAIAS E BLUSINHAS QUE VIRAM VESTIDOS

Fazer o movimento contrário também funciona. Cansou de uma saia e de uma blusinha que você tem há muito tempo? Costure-as para transformá-las em um vestido, sem se importar se são de diferentes cores e estampas. Na nossa moda não existem regras, tudo combina!

CAMISAS GRANDES DEMAIS

Ombreiras são ótimas aliadas para deixar camisas mais elegantes e estruturadas. Sou completamente apaixonada por ombreiras e pela modelagem que elas trazem à peça. Para mim, quanto maior, melhor!

A MANGA DA PEÇA TEM UM FURO, E AGORA?

Qualquer peça de mangas longas pode ser facilmente transformada em uma de mangas curtas, basta cortá-las na altura que preferir. Dependendo do tecido, um acabamento caseiro com tesoura fica lindo, mas, se a roupa desfiar, a melhor opção é usar uma máquina de costura para finalizar o processo.

TINGIMENTO NATURAL... E CASEIRO

Seu vestido preferido manchou e você não conseguiu tirar na lavagem: ótima oportunidade para dar uma nova cor a ele! Sabia que é possível fazer um tingimento natural sem sair de casa? A seguir, vou compartilhar uma receita à base de cebola, alimento que todo mundo tem em casa, mas normalmente jogamos sua casca no lixo — você pode substituir a cebola por outros ingredientes coloridos, como beterraba, cúrcuma, plantas e flores (dá até para usar pregos enferrujados!). Estimule a criatividade e reaproveite o que tem à mão. A cor é sempre uma surpresa, e essa é a grande mágica do tingimento natural.

Passo a passo: tingimento natural com casca de cebola

1. Um dia antes de realizar o tingimento, ferva por trinta minutos a roupa que vai tingir em uma panela com água e uma colher de bicarbonato de sódio. Esse processo ajuda na fixação da cor.

2. Deixe a peça secar no varal.

3. No dia seguinte, ferva as cascas de cinco cebolas em uma panela com água até que o líquido fique de um tom amarelo bem forte, quase alaranjado.

4. Desligue o fogo e coe a água para tirar as cascas.

5. Volte o líquido para a panela e acrescente três colheres (sopa) de vinagre de álcool para fixar a cor e impedir o desbotamento da peça.

6. Ligue o fogo e, quando o líquido estiver fervendo outra vez, mergulhe a roupa a ser tingida e espere mais dez minutos sem desligar o fogo.

7. Desligue o fogo e deixe a peça de molho por, no mínimo, quarenta minutos.

8. Tire a peça da água e a coloque para secar em um recipiente.

9. Lave a roupa na mão usando água e sabão de coco para tirar o cheiro de cebola e vinagre.

10. Pronto! Agora é só pôr para secar e depois usar essa peça reciclada, tingida por você mesma sem ter agredido o meio ambiente!

Importante: o tingimento natural só funciona em tecidos puros e, de preferência, biodegradáveis, como o linho, a seda, a lã e o algodão. Para saber as fibras da sua roupa, leia a etiqueta de composição (falamos mais sobre ela na página 96).

A ALTURA PERFEITA DA BARRA

Se você costuma vestir calças sem usar salto, é melhor ajustá-las na altura do calcanhar, quase arrastando no chão. Mas se a peça for destinada a ser usada com salto — um vestido de festa, por exemplo —, fique na ponta do pé na hora de medir a barra.

14.
Ansiedade que se transforma em ação

Poxa, estamos chegando ao final do livro, e quanta coisa conversamos até aqui, não é mesmo? Para concluir, acho importante abordar a ansiedade que pode surgir quando a gente toma consciência de quão grave é a situação do planeta neste momento.

Confesso que, em certos dias, me sinto devastada ao ler que mais uma espécie foi extinta ou fico extremamente nervosa com discursos de políticos que apoiam o desmatamento e contribuem com o desmonte das organizações ambientais.

O sentimento que surge quando nos damos conta do quão limitado é o nosso poder enquanto indivíduos se comparado ao das empresas e dos governos é racional e legítimo. Infelizmente, ele está cada vez mais presente na vida das pessoas e até já ganhou um nome: ecoansiedade.

No lugar de negar ou tentar afastar esses pensamentos, que tal acolhê-los e transformá-los em ação? Aí vão algumas dicas que dão muito certo para mim e espero que possam ajudar vocês.

Movimente o corpo

Movimentar o corpo é um ótimo aliado contra a ansiedade, então não deixe de se exercitar — vale qualquer coisa, desde praticar o seu esporte favorito até caminhar no parque mais próximo, rodeada de árvores e passarinhos. Esses passeios nos reconectam com a natureza e nos fazem perceber que ela ainda está viva e pulsante, e que ainda dá tempo de mudar o rumo das coisas.

Saia das redes sociais

Às vezes, quando nos sentimos mal, corremos para as redes sociais e acabamos deparando com mais notícias ruins, que só aumentam a nossa ansiedade. Temos consciência da gravidade da situação do planeta, mas, para conseguirmos agir de forma efetiva, precisamos estar com a saúde mental e emocional em equilíbrio. Portanto, tire uns dias para você, exclua os aplicativos do celular e foque o presente.

Parta para a ação com outras pessoas

Juntos somos mais fortes! Sair do isolamento e se unir a pessoas com o mesmo objetivo que nós é o melhor caminho para estar em paz e expandir nosso aprendizado. Procure fazer parte de grupos, associações e instituições que estão fazendo a diferença no planeta, seja formando mutirões de limpeza nas praias ou organizando manifestações de alerta a respeito das mudanças climáticas.

SEJA UM AGENTE DA MUDANÇA

Esse movimento precisa de cada vez mais gente para que uma grande revolução aconteça. Já parou para pensar que você pode ser uma das pessoas que incluem a sustentabilidade em todos os aspectos da sua vida?

Você pode ser a pessoa que separa o lixo da sua casa, que briga pelo fim das sacolinhas plásticas e que restringe o consumo de carne. Você pode ser a pessoa que luta para abolir os copos plásticos no seu trabalho ou que propõe práticas mais sustentáveis na reunião de condomínio do seu prédio, como avisar o dia da coleta seletiva e instruir sobre a economia de energia e de água.

Você pode ser a proprietária que pesquisa e gerencia técnicas de implementação de modelos de produção sustentáveis na sua empresa. Você pode ser a funcionária que lê e aprende sobre o tema para saber como diminuir a poluição e os resíduos gerados na indústria onde trabalha.

Por fim, você pode ser uma comunicadora, que usa a própria voz para criar conteúdo sobre sustentabilidade, inclusive nas redes sociais. A internet é nossa maior aliada na disseminação rápida de conteúdo, então vamos usá-la para impactar mais e mais pessoas.

CONSCIÊNCIA SEM STRESS

Vá com calma! Sei que abordamos uma infinidade de assuntos e que muitos podem ser novidade. Você não conseguirá mudar todos os seus hábitos antigos de uma só vez e, se tentar, ficará frustrada. Grandes mudanças levam tempo, mas, se tiver paciência, antes que perceba estará vivendo de forma mais sustentável.

Se você tiver uma marca, o desafio é maior ainda. Transformar a estrutura de um negócio é bem mais complexo do que mudar nossos costumes individuais. Eu mesma, que trabalho com isso há tempos, demorei alguns anos para chegar ao estágio atual e, quando olho para os outros âmbitos da minha vida, percebo que estou longe do ideal — sei que fraldas descartáveis não são a melhor opção para o meio ambiente, mas por enquanto não consegui usar apenas fraldas ecológicas na minha filha; meu objetivo é reduzir ao máximo as embalagens de plástico na minha casa, mas ainda estou longe de atingi-lo.

O mundo atual já nos dá motivos suficientes para sermos ansiosos, e nós não precisamos de mais um, combinado? A dica é: faça o que for possível e adote uma pequena mudança de cada vez.

AGRADECIMENTOS

Apesar de a sustentabilidade ter entrado na minha vida em 2013 com a criação de um projeto de troca de roupas, só tive uma noção mais profunda do colapso iminente do planeta em 2018, quando a minha filha nasceu. Notícias afirmando que em 2050 teríamos mais plásticos do que peixes nos oceanos e que em trinta anos a Terra sofreria com um aquecimento global de até 2°C só intensificaram o meu puerpério — a geração impactada já estava viva, e minha filha fazia parte dela. O que eu poderia fazer, enquanto indivíduo, para mudar esse cenário?

Durante o processo de escrita deste livro, me perguntei algumas vezes o que me motivou a escrevê-lo. Nas semanas em que ocorreram as queimadas na Amazônia, me vi paralisada, sem conseguir avançar na escrita. O mesmo aconteceu na época do derramamento de petróleo no litoral nordestino e, na reta final de entrega do livro, quando a pandemia do coronavírus chegou ao Brasil. Seria mesmo relevante falar sobre moda sustentável quando a desigualdade, a opressão às minorias e a destruição da natureza acontecem debaixo do nosso nariz? Nesses momentos de crise, contei com o incentivo das minhas queridas editoras, Quezia Cleto, Camila Berto e Marina Castro, que acreditaram na importância de falar sobre esse tema e no seu potencial de transformação. Obrigada, mulheres, pela escuta e pela paciência.

Agradeço também ao meu parceiro da vida, Gregório Duvivier, com quem compartilho ideias, planos e frustrações. Gregório me presenteia diariamente com sua genialidade e está sempre pronto com os melhores conselhos que me fazem seguir adiante.

Agradeço aos meus pais, Janfredo Nader e Alexandra Gebrim, pelo apoio incondicional e pela liberdade em minha caminhada, e aos meus irmãos, Giordanno Nader e Giulianno Nader, por me ajudarem a dar clareza e sensatez ao meu discurso.

Agradeço também aos meus parceiros de trabalho No Lopes e Caio Perez, por me apoiarem e acreditarem em todas as minhas invenções de moda desde que me permiti ser criadora de conteúdo. Obrigada por somarem tanto à minha carreira.

Meu muito obrigada a Julia Masagão, do estúdio Alles Blau, pelo design impecável, a Paula Hemm pelas ilustrações (uma mais linda que a outra!), a Alceu Nunes e Ale Kalko pela escuta, e a toda a equipe da Editora Paralela por abraçarem meu sonho.

Por último, mas nem um pouco menos importante, agradeço às queridas leitoras e amigas que conquistei através das redes sociais. Quando duvidei da relevância do meu trabalho, vocês me motivaram a continuar. Compartilhar esse assunto com pessoas tão especiais foi a forma que encontrei para evoluir enquanto ser humano, e, nem nos meus melhores sonhos, imaginei uma troca tão rica. Este livro é de todas nós. Obrigada por me darem tanto, prometo continuar retribuindo o apoio.

REFERÊNCIAS BIBLIOGRÁFICAS

ARMÁRIO-CÁPSULA

SOBREIRA, Érica M. C.; DA SILVA, Áurio L. L.; COELHO, Pedro F. da C. "Simplicidade voluntária e armário-cápsula: Valores e motivações no consumo de vestuário". *FACES Journal Belo Horizonte*, Minas Gerais: Universidade FUMEC, v. 17, n. 2, abr./jun. 2018. Disponível em: <http://www.fumec.br/revistas/facesp/article/view/5805/3105>.

TRABALHO ESCRAVO

ESTEVÃO, Ilca Maria. "Trabalho escravo: Moda é o segundo setor que mais explora pessoas". *Metrópoles*, 26 jul. 2018. Disponível em: <https://www.metropoles.com/colunas-blogs/ilca-maria-estevao/trabalho-escravo-moda-e-o-segundo-setor-que-mais-explora-pessoas>.

HADDAD, Anna. "Quantos escravos trabalham pra você?". *Medium*, 6 nov. 2015. Disponível em: <https://medium.com/@annahaddad/quantos-escravos-trabalham-pra-voc%C3%AA-fc7b9701ff88>.

MEIO AMBIENTE

"MEASURING Fashion: Insights from the Environmental Impact of the Global Apparel and Footwear Industries". *Quantis*. Disponível em: <https://quantis-intl.com/measuring-fashion-report-2018/>.

NOBLE, Bethany. "Fashion: The Thirsty Industry". *Good on You*, 21 mar. 2017. Disponível em: <https://goodonyou.eco/fashion-and-water-the-thirsty-industry/>.

WICKER, Alden. "We All Know Fashion isn't the 2nd Most Polluting Industry After Oil. But What Is It?". *Ecocult*, 27 ago. 2020. Disponível em: <https://ecocult.com/now-know-fashion-5th-polluting-industry-equal-livestock/>.

CONSUMO

"36% dos consumidores fazem compras para aliviar o estresse, aponta pesquisa do SPC Brasil". SPC Brasil, 13 jan. 2016. Disponível em: <https://www.spcbrasil.org.br/pesquisas/pesquisa/1207>.

"CLASSES C, D e E são as que mais compram sem necessidade motivadas por promoções, diz SPC Brasil". SPC Brasil, 29 mar. 2017. Disponível em: <https://www.spcbrasil.org.br/pesquisas/pesquisa/2687>.

"CONSUMISMO no Brasil: Entenda o que realmente é e conheça o panorama no país". Rock Content, 3 maio 2018. Disponível em: <https://rockcontent.com/blog/consumismo-no-brasil/>.

CUNHA, Renato. "Marcas internacionais devem cortar fornecedores implicados no trabalho forçado do povo uigur na China". *Stylo Urbano*, 27 jul. 2020. Disponível em: <https://www.stylourbano. com.br/marcas-internacionais-devem-cortar-fornecedores-implicados-no-trabalho-forcado-do-povo-uigur-na-china/>.

"DESCUBRA dez fatores que influenciam o comportamento do consumidor e veja cinco tendências!". Rock Content, 9 ago. 2019. Disponível em: <https://rockcontent.com/blog/comportamento-do-consumidor/>.

GONZALEZ, Amelia. "Pesquisa mostra que 76% não praticam consumo consciente no Brasil". G1, 25 jul. 2018. Disponível em: <https:// g1.globo.com/natureza/blog/amelia-gonzalez/post/2018/07/25/ pesquisa-mostra-que-76-nao-praticam-consumo-consciente--no-brasil.ghtml>.

PESQUISA Akatu 2018. "Panorama do consumo consciente no Brasil: Desafios, barreiras e motivações". Disponível em: <https://www. akatu.org.br/wp-content/uploads/2018/11/pdf_versao_final_apresenta%C3%A7%C3%A3o_pesquisa.pdf>

PADRÃO DA MODA

ROUND Table Not Runway: SS19. (9min24s). 17 set. 2018. Teatum Jones. Disponível em: <https://youtu.be/rE_gDnhYwYY>.

WARDROBE CRISIS WITH CLARE PRESS. "Teatum Jones: The London Designers on Positive Fashion, Inclusivity & Activism" (44 min). dez. 2018. Disponível em: <https://open.spotify.com/ episode/23EE1uqEhKS88FRpC1cYXe?si=U-eaOxotTCWX-9QCmo4uP_Q>.

ECONOMIA CIRCULAR

ACCENTURE STRATEGY; FASHION FOR GOOD. "The future of Circular Fashion: Assessing the Viability of Circular Business Models." Disponível em: https://fashionforgood.com/wp-content/uploads/2019/05/The-Future-of-Circular-Fashion-Report-Fashion-for-Good.pdf.

"CONCEPT: What Is a Circular Economy? A Framework for an Economy that Is Restorative and Regenerative by Design". Ellen MacArthur Foundation. Disponível em: <https://www.ellenmac-arthurfoundation.org/circular-economy/concept>.

"Mais de 50% das cidades brasileiras descartam o lixo de modo incorreto". *Galileu*, 6 ago. 2018. Disponível em: <https://revistagalileu.globo.com/Ciencia/Meio-Ambiente/noticia/2018/08/mais-de-50-das--cidades-brasileiros-descartam-o-lixo-de-modo-incorreto.html>.

Why Do We Have So Much Stuff?. (4min51s). 2 ago. 2019. BBC Ideas. Disponível em: <https://www.bbc.com/ideas/videos/why-do-we--have-so-much-stuff/p07jm4xc?playlist=fashion>.

TECIDOS

ALGODÃO

"Algodão orgânico no Brasil: MST, agroecologia e justiça social". *Modefica*, 23 jul. 2019. Disponível em: <https://www.modefica.com.br/algodao-organico-mst-justica-social/#.XbNdrpNKhot>.

"What Is Organic cotton?". aboutorganiccotton.org. Disponível em: <http://aboutorganiccotton.org/>.

SEDA

Fiorenzo Omenetto: Seda, o antigo material do futuro. (9min20s). 2011. TED Talks. Disponível em: <https://www.ted.com/talks/fiorenzo_omenetto_silk_the_ancient_material_of_the_future?language=pt-br>.

COMO COMPRAR

"2020 Resale Report". *Thred Up*. Disponível em: <https://www.thredup.com/resale>.

COMO DESCARTAR

"Is Second-Hand Fashion in the Global South an Issue of Inequality?". Wardrobe Crisis. Disponível em: <https://thewardrobecrisis.com/the-magazine/2020/9/3/is-second-hand-fashion-in-the-global-south-an-issue-of-inequality>.

OUTROS

MANSON, Paul. *Pós-Capitalismo: Um guia para o nosso futuro.* São Paulo: Companhia das Letras, 2017.

TIME SENSITIVE PODCAST. "Lidewij Edelkoort on Why Doing Less Is More" (65 min). dez. 2019. Spotify. Disponível em: <https://open.spotify.com/episode/7nzAUuTZJCobblUR14pJcH?si=gl-JoXhBS2OSvrDlJjX9ag>.

TIPOGRAFIAS Laica e GT Walsheim
DIAGRAMAÇÃO Alles Blau
PAPEL Pólen Bold, Suzano S.A.
IMPRESSÃO Gráfica Bartira, maio de 2021

A marca FSC® é a garantia de que a madeira utilizada na fabricação do papel deste livro provém de florestas que foram gerenciadas de maneira ambientalmente correta, socialmente justa e economicamente viável, além de outras fontes de origem controlada.